歴史学者という病

本郷和人

講談社現代新書

2670

はじめに

腹が減った。たしかこのへんに4日前に開けたクッキーがまだ何枚か残っていたはずだ。ガサゴソと机上に広がる膨大な堆積物をかき分けると、いつ食べたのか記憶にはない煎餅の袋が顔を出した。思わず顔をしかめながら、昨日の残りのコーヒーをすすり、外観が微妙な桃色に変色しかけているデスクトップ・パソコンの画面に私は目を向けた。

ここは東京大学、本郷キャンパス。赤門のはす向かいに聳《そび》える重厚な東大史料編纂所の建物、その5階の最奥部に私の部屋がある。つごう二十五畳ほどの室内には申し訳程度のはめ殺しの窓があるだけで、四方の壁をびっしりと覆い尽くす書架には大量の本や資料がぎっちりと収まっている。東日本大震災の際は、建物内でこの部屋が「最も本の山が崩れた場所だった」とされており、その悪評ゆえか、足を運ぼうとする者は滅多にいない。

そんな殺風景な部屋に4人で席を囲む机の島が二つ、つまり、同僚や助手らと私、合計8名ものむさ苦しい男がこの狭い部屋で業務を行う。全員揃ったときなどはタコ部屋である。実際に調査したわけではないが、おそらく東大教授の中でもワースト待遇であろう。「新しい建物＋秘書付きの個人研究室」が当たり前という理系の先生方と同等にしてほしいとまでは言わないが、もう少しなんとかならないのかと思う。

正直に言えば、劣悪な環境の一部は私自身の責任でもある。自慢ではないが、とにかく私の机は汚い。仕事や研究に用いる書籍や資料、に加えて、長年にわたって密かに集めたアイドルの写真集、昭和時代の雑誌のグラビアから、どうしても捨てられずにため込んでしまっているお宝グッズにいたるまで、家庭に置くのがはばかられる文化財を片っ端から仕事場に置きっぱなしにして30年余、整理というものを一度もしたことがないため、とうとう机の上には重厚な地層が誕生してしまった。人類が地球の地質に影響を与えたという意味では、これも立派な人新世だよな……などと、愚にもつかぬことを考えてみる。

ちなみに、ご承知の方もおられると思うが、私の妻、本郷恵子はこの東大史料編纂所の所長、つまり私の上司である。よって、私が仕事場にいくら私物を隠匿しようが、セキュリティ的には大して意味をなさない、とも言える。

国家的大事業の『大日本史料』編纂

自虐ネタはこのくらいにとどめるとして、本業の話をしておこう。

私が勤務する史料編纂所とは、江戸時代の国学者、塙保己一《はなわほきいち》が設立した和学講談所の業務の一部が1888（明治21）年に帝国大学──後の東大に移管されて生まれた「臨時編年史編纂掛」がルーツである。文字どおり、日本の歴史資料の編纂を使命としているが、その最大のミッションは1901（明治34）年から今日まで続く、我が国最大の歴史資料、『大日本史料』の編纂事業だ（そのほかにも、古文書を収録した『大日本古文書』や貴族や僧侶の日記を収めた『大日本古記録』なども刊行している）。

日本では飛鳥・奈良・平安の3時代にかけ、時の律令政府の手によって国史が編纂・作成された。『日本書紀』（720年完成）から『日本三代実録』（901年完成）まで6つの国史が存在するので、俗に「六国史《りっこくし》」と呼ばれる。その後の日本ではずっと国史の編纂が行われなかったため、『日本三代実録』以降、すなわち宇多天皇が即位する887年から、幕末の1867年までを対象とするおよそ980年分の日本の歴史をまとめようという壮大なプロジェクトが明治政府の手で始められた。それが、以後100年以上にわたって続けられている、この『大日本史料』編纂事業なのである。

980年を16の「編」と呼ばれるセクションに分け、刊行開始後、今日までに第1編

（全24巻＋補遺4巻）、第4編（全16巻＋補遺1巻）の2編が完成しているが、それ以外の14編についてはセクションごとの作業がコツコツと進められている途中であり、江戸時代前期、第13編以降についてはまったくの未刊行という、気の遠くなるような国家事業である。

なお、中世史が専門の私が担当するのは第5編。承久の乱（1221年）から鎌倉幕府滅亡（1333年）までを対象とし、1251年までの史料を収めた37巻までが完成している。実物を見たことのない方のために若干補足しておくと、本自体は編年体、つまり、年代順で構成されており、歴史上の重要事件について概要をあらわす文章（「綱文」という）で示しつつ、関連する史料を片っ端から載せていく――という体裁をとる。とにかく、「史料という史料は全部載せる」という網羅主義をとっており、「子供が神社の壁に小便をひっかけた」などという、記録として残してもあまり意味がなさそうなものまで収めているので、かくも膨大で時間がかかる事業となっているのだ。

『大日本史料』第5編より

1988（昭和63）年に入所した私は、約30年にわたって、ひたすらこの作業の一部を担ってきたが、スタッフの数が限られていることもあり、約1年分の史料を編纂するのに10年近い月日がかかる。つまり、このままのペースを続けるならば、第5編が完成するまでにあと800年近くかかる計算となる。かのガウディのサグラダ・ファミリアも「参りました」と頭を下げるほど膨大な時間を必要とする事業と言えよう。

歴史学は不可解なり

前置きが長くなったが、ここから本題である。

なぜ、私が冒頭で史料編纂所の業務について語ったかというと、それは本書のテーマが「歴史学者」、つまり歴史を研究するということの意味について考えること——だからだ。

この史料編纂事業は国家にとってとても重要な仕事である。また、日々、膨大な史料に触れ、読み続けるために、歴史を学ぶ者にとっては非常に効果的なトレーニングの場でもある。その一方で、机の右に史料、左に帳面を開いて（いまはパソコンだが）、文字どおり「右から左へ書き写していく」ような、単調で、さほど頭脳を使わない作業でもある。

歴史学者の仕事とは、はたして、そんな単純なものなのだろうか？

私はこれまで歴史に関する多くの書籍を世に出す幸運に恵まれた。テレビにも出た。だが、ここで一度、「歴史」ではなく「歴史学」「歴史学者」の本当について、一般の読者にわかりやすく伝えるための本を出す必要性を感じたのである。

これから私は、私なりの視点で「歴史学とは何か」「歴史学者とは何か」ということについて筆を進めていくが、この世に生をうけ、歴史学者として生きてきた自らの60年間の半生を、かなりきわどい部分まで、あえてさらけ出すことで、その正体と実像に迫っていこうと思う。戦後から続く、わが国の歴史学の大きな流れを描くためには、歴史学者の端くれである私を狂言回しとするのが、もっとも効果的でわかりやすい方法だと考えたからだ。聞きようによっては、同僚や他の研究者の批判と受け取られてしまうようなところもあるかもしれないが、もちろん個人攻撃や人格攻撃などの意図はまったくない。あくまで学問的な批判だと考えていただければよい。ここまで心中を正直に吐露したのは本書が初めてであろう。

なお、あえて私の幼少期から話を進める形にしたのは、(私が適任かはさておき)こういう子供が将来歴史学者になるのだという一例が示せればと思ったからだ。早く歴史の話に進みたい方は、第一章は読み飛ばしていただければと思う。

幼年時代の私は、偉人伝をはじめとする「物語」としての歴史にハマった。だが、本格的な歴史研究者を志すために大学に入ると、そこには「物語」などではない、「科学」という、まったく新しい様相の歴史が待ち構えていた。

学生時代の私は、史料をひたすら読み込む「実証」という帰納的な歴史に魅了された。その一方で、いくつかの史実をつなげて仮説を組み立てようとする演繹的な歴史のもつ面白さにハマった時期もあった。だが、実証を好む人びとからは「仮説」というものは徹底して異端視され、しばしば私も批判されることになった。

さらに学びを深めるうちに、歴史学、歴史というものは決して悠久でも万古不易でもなく、それどころか、むしろその時代のもつ雰囲気や世論、世界の流れなどによって、簡単に姿を変えてしまう、ある意味恐ろしいものなのだという現実も知った。また、受験科目としての安直きわまりない「歴史」が、数多くの歴史嫌いを大量生産し、結果的に歴史学という学問の著しい衰退を招いてしまっている事実にも言及したい。

こうした学問の機微にふれる話は歴史の授業や歴史学の講義ではなかなか話題にならない。

詳細については本文に譲るが、要するに歴史学というものは、しっかりした実体がありそうでいて、実はかなり相対的で振り幅の大きい、不安定な学問なのだ――まずは、その点をしっかり確認した上でさっそく話を進めることにしよう。

目次

第二章　「大好きな歴史」との訣別

第三章　ホラ吹きと実証主義

徹底的に実証主義的な歴史学を学んだ、そしてホラの吹き方も——

第四章　歴史学者になるということ

おわりに　ヒストリカル・コミュニケーターに、オレはなる！――

撮影のために、初めてお掃除しました！

第一章　「無用者」にあこがれて

立身出世は早々にあきらめ、好きなことをして生きようと思った

幼少〜中高時代

「死」が怖かった

1960年――激しいデモに揺れる安保闘争が最高潮を迎えたころ、東京下町、亀有《かめあり》の大家族に私は生まれた。有名企業に勤める父、専門学校で有機化学を教える母、そして祖父母と父方のおば二人に囲まれる、大人ばかりの暮らしであった。私はなぜだか家にいることばかりを好む子で、いわゆる子供言葉というものを発したことがまるでなかった。喋り出したころにはすでに大人言葉を使っていたという。日本語に対する感性はあったようで、3歳のころには町中の漢字で書かれた看板の文字が読めていた。

鮮明に覚えているのは、小さな子供たちが我が家に遊びに来たある日のことで、祖母は「ウチのカズちゃんに近付くんでない！」とすごい剣幕で子供たちを追い払ってしまった。こうした家族の態度のせいなのか、自分自身に由来するのかは分からないが、結局のところ幼少期の私に友だちと呼べる存在はただの一人もいなかった。

友も持たず家にこもって、私は読書やブロック遊びに熱中した。のちに古建築を好むようになったのも、幼少期の体験ゆえかもしれない。

また、1歳を超すころに私はひどい喘息を患っており、二度ほど本当に死にかけた。発作が起きるたび布団のなかに閉じこもっては胸に腕をたたみこみ、亀のようなポーズを取って、収まりゆくのをひたすら待った（のちに漫画家の小林よしのり氏が、アスキーアートの「orz」の形になって喘息の発作を逃がした、という苦労を語られていたが、まさにこれだと膝を打った）。

布団に脂汗がしたたるほど苦しんだのだが、発作が起きてもすぐに飲み薬をもらえなかった。最先端の治療薬とされた私の薬は心臓に負担がかかるらしく、よほど死にそうに見えないと母親としては与えたくなかったらしい。

しかし幼児だった私は薬の良し悪しなど知るよしもなく、苦しみのなかでただひたすらに母を探した。甘えたかった年頃なのに、母は仕事で忙しかった。私はといえば、スヌーピーで有名な漫画『ピーナッツ』のライナスのように毛布を引きずり、ガリガリに痩せた身体のままで暗いなかをひとり、必死に母を探したものだ。

そう。私は極度に「死」を恐れる子供だった。

野口英世のような医者になろう

こうして身体の弱いまま、私は近所の保育園に預けられた。おそらく2歳のころである。大事な毛布をしっかりと胸に抱いたまま園舎に入った私は、保育室のなかで一冊の絵本に強烈なトラウマを植え付けられた。

『地獄と極楽』（中村ひろし著／大道社）と題されたその仏教漫画絵本には、ありとあらゆる責苦とそこに向かう亡者たちの様子が克明に描かれていたのだ。

暗くさびしく人が死ぬと、冥土から鬼がやってきて、車に乗せられてしまう。暗黒のトンネルをくぐり抜けてからは己の足でトボトボと、三途の川を渡ってついにさまざまな地獄へと送りこまれる――この物語が怖くてたまらなかった。私にとっては地獄そのものでひどい目に遭うよりも、死んでからのち鬼に連れられて暗くて長い道をただひたすら歩く、その光景が絶望的に怖かった。

この絵本との出会いも、私が死というものを異様に恐れるようになったひとつの原因だったろうと思う。当時2歳だった私は、祖父の死に直面し、出棺の際に「待って」と叫びながら霊柩車を追いかけたとか、あるいは、園庭の丘に登って暮れなずむ空の雲を眺めながら「人が死んだら、霊魂はどこへ行くんだろう」と発語したなどという思い出話を、後から聞かされたりもした。

ただひたすらに死を恐れ、不在がちの母を追った子供は、何かに導かれるように物語の世界へとたどり着いた。3歳で知った細菌学者、野口英世の伝記に号泣するほどのめりこんだのもこのころである。

わずか1歳で左手が固まってしまうほどの大怪我を負いながら、世界に出て黄熱病や梅毒の研究に邁進した英世の努力に打たれたのはもちろんのこと、故郷の福島に残した母・シカから届いた、帰国をうながす手紙のくだりに涙が止まらなかった。

〈はやくきてくたされ　はやくきてくたされ
いしよ《一生》のたのみてありまする〉

ただたどしい文字で綴られた手紙の写しを読むたびに、悲痛な気持ちが胸にせまり、自分と母の関係を重ねうつしては涙がこぼれた。

当時も今も、私は母を責める気持ちはまったくないが、叫びたいほど恋しい時期にかまってもらえなかった経験が、いわゆる「母子もの」への傾倒につながったのだと思う。

そして自分も野口英世みたいになりたい、と心から願った。

野口英世のように、世のため人のために生きたい。当時の実家にはおあつらえむきに「努力」と書かれたパネルが掛けられていた。

私は思い立った。自分のように喘息に苦しむ人を救いたい。
そうだ、医者になろう、と心に決めた。

偉人伝を読みあさる幼児

野口英世に憧れる一方で、「偉人伝」というジャンルの書籍も読みふけった。特に偕成社から刊行されたシリーズが大好きで、明治時代の治水事業者・金原明善《きんぱらめいぜん》の物語や、儒学思想の影響下にある清貧の「母子もの」に夢中になった。

病に苦しむ母を見舞うため、住み込みの塾から百里の道を歩いて故郷に駆け付けるも、これぐらいのことで帰るな、おまえは勉学の身ではないかと、一夜のみの宿泊を許されたのち泣く泣く塾に戻った……という江戸時代の陽明学者・中江藤樹の物語などを一心に読みふけった。ひたすら社会貢献する人びとの物語に心惹かれ、偉人伝のシリーズを切り口として名作文庫を耽読したのだ。

今思い出すと実に贅沢というか、驚くべきことだが、当時はあの柴田錬三郎が子供向けの名作全集で、『三銃士』や『ノートルダムの傴僂男』を題材としてシバレン節を炸裂させていた時代であった。

こうして私は着実に、歴史小説にも興味を移行させていった。父親にせがんで吉川英治版の『三国志』を買ってもらったのが、重かった喘息をなんとか克服した、小学校に入る寸前だったことを覚えている。

思えば私は幼少期から、ずっと〝人物や物語をめぐる歴史〟というものに興味があった。それは後述するように、大人になって〝科学としての歴史〟を心掛けるに至っても、根底は揺るがぬものなのだと思う。

そしてそのために大いに悩む人生を送ることにもなるのだが――。

細川忠興・ガラシャみたいな両親

こうして孤独と向き合う幼少期を私は過ごしたわけだが、そのころ両親がどのような存在だったのかも簡単に記しておこう。

父は私を溺愛してくれたが、その父に対して、幼心にも知的素養として物足りないものを感じてしまった。大会社に勤めていることもあって経済面での不自由はまったくなかったが、「小さな子供」扱いをされつづけたことに対する反発心が、そのような思いに至らせたのかもしれない。

一方の母はといえば頭脳明晰で、アカデミックな職場を腕一本でのし上がっていくような、人間としてとにかくエネルギッシュな人だった。

大学教員を目指して寮監を務めていたが、事情があって専門学校の教師に転じ、女性不遇の時代に獅子奮迅の仕事ぶりを見せた母。だが、父はそんな母をできるだけ家のなかに留めておきたい、囲い込みたい欲求を持っているようだった。家にいろ、とさえ命ずるような向きもあった。

それは戦国から江戸時代にかけて活躍した豊前国小倉藩初代藩主・細川忠興が、才気あふれる正室の玉子（のちの細川ガラシャ）を実父・明智光秀による本能寺の変以降、幽閉してしまうさまにも似通っていた——というのは、さすがに言い過ぎだろうか。

玉子は幽閉生活のなかでキリスト教の教義に心打たれ、ガラシャという洗礼名を戴くにいたる。その死も凄絶なもので、石田三成軍に館を包囲されたおりにはキリスト教の教義に従って自決ではなく介錯をたのみ、のちに館を爆散させている。

ともあれ、気迫に満ちみちたガラシャのようなこの母によって、幼年時代の私は徹底的にシゴかれることになるのであった。

母のすすめで越境入学

私は、生家のある東京・亀有という下町から、1時間もの電車通学をして千代田区の名門とも呼ばれた麴町小学校に越境入学することとなった。そこには私にできる限りの勉学をさせたい、という「孟母三遷」を地でいくような母の意向が強くはたらいていた。

喘息持ちの小学1年生に長い通学は酷でもあったが、規則正しい運動と生活が奏功したのか、うまい具合にその病をおおむね克服することにもつながった。

体力がつき、身体も徐々に大きくなる。そんな私を見た母は、やたらと習い事を重ねさせた。7歳になったころから週5日は塾に通わされ、プラスで習字にピアノと絵画教室がノルマとなった。そんなギリギリの生活のなかで私はまたも友人を作る機会を逸し、相変わらず一人で過ごす時間が多かった。

重くのしかかる習い事漬けの生活のなかで、やがて私は「才能とは恵まれるものなのだ」と気付くことになる。部屋に貼られた「努力」のパネルをにらみながら私は刻苦勉励を続けたのだが、たとえば絵画の才能に恵まれた子は、勉強などできなくともいともあっさり、素晴らしく写実的な絵を描けていた。

努力は美徳だが、努力ではどうにもならないことが世の中にはある、そして自分には天賦の才能はないようだ、という、冷たい現実を突き付けられた。私はごく普通の人間なんだ――と強く思い知らされたのがこのころである。

友だちもおらず、塾でとっくに習ってしまった学校の勉強もつまらない。そんな自分が、ある日ちょっとした事件を起こした。

5年生の時だった。退屈な授業に飽きた自分は、何気ない悪口を書いた紙飛行機をひらりと放った。それを拾い上げた担任は、誰がやったのかと自己申告をうながした。私は素知らぬ顔をした。

しかし放課後になった瞬間、担任に声を掛けられたのだった。

「あなたがやったんでしょう。嘘はいけません！」

どうしてバレたのだろうと冷や汗をかいたところ、「人の悪口に『このモモンガー！』って書いたでしょう。そんな言葉をこのクラスで引用できるのは本郷くんだけです」と決め手を打たれてしまった。モモンガーというのは、落語の世界や夏目漱石の『坊っちゃん』でおなじみの、赤シャツに対する罵倒語である。担任が畳みかけるように言った。

「あなたは勉強こそできるけれど、友だちもいないし、そんな寂しい人生でいいの？　宿題を出すわ。『韜晦《とうかい》』という言葉の意味を辞書で調べていらっしゃい」

私は自宅でしおしおと辞書をめくった。

韜晦——「自分の才能や本心を何かほかの事で隠すこと」と『新明解国語辞典』には記されている。ガツンとパンチを受けた心地になった。これはマズい。もっとみんなに合わせなくてはならないと思った。こうして私はクラスの中でなんとか居場所をつくろうと、己のキャラづくりを作為的に始めることにした。

翌朝、私は登校すると、逆さにした眼鏡の両つるに二つの分度器をはさみ、制服のブレザーをマントのように翻しながら廊下中を走りまわった。学校の三階部分は騒然となった。あの子だれ？　本郷くんって言うらしいよ……。他のクラスからも好奇という名の認知を得て、私は一躍、少しばかりの注目に酔ったのだった。

仏教美術に「死をも超越する永遠」を知る

運命の出会い、仏教美術の美しさに時間を忘れたのもこのころだ。小学4年生を迎える春休み、家族で京都・奈良をめぐる10日ほどの逗留をしたことがあった。

古都の旅は理系人間の母にはピンと来ないようだったが、それなりに文化に明るかった父はかなり心を砕いて企画してくれたようだ。とはいえ両親ともに寺社仏閣に詳しいわけでもなく、我々は1日コースのバスツアーに参加した。

そこで私は数々の仏像や仏閣と運命の出会いを果たす。

京都の広隆寺が所蔵する弥勒菩薩半跏思惟像《みろくぼさつはんかしいぞう》の、哲学的なふくみを持つアルカイックスマイルに見惚れること幾ばくか、気付くとあたふたと母が私を探しにやってくるではないか。結局、私があまりにも時を忘れていたためか、バスが先に行ってしまったのだ。

その後も奈良の薬師寺で、アメリカの東洋美術史家・アーネスト・フェノロサから「凍《こお》れる音楽」と呼ばれたという東塔に感銘を受け、本堂においては黒光りする薬師三尊に身も心も迎え入れられた。言い知れぬ感動が肉体の隅々まで沁みわたった。その後も、興福寺の阿修羅像や、胸部から上しか現存しない阿修羅の仲間である五部浄に心底から感嘆した。

特に天平時代や貞観時代の仏像は、現世に生きる自分たちにもダイレクトに伝わってくる凄まじい美しさだと驚いた。比較するのも野暮だが、江戸以降の「お約束」で描かれたような浮世絵などとは違って、非常に人間的で素晴らしいプロポーションを持つのが当時の仏教美術だと思った。私には、その美しさが、女性の美や少年のハンサムさなどを融合的に表現したものだと感じられたのだ。

仏教美術、とくくりながらも、私はそれらを彫刻として眺めていたのだと思う。日本のミケランジェロ、あるいは現代のコラムニスト・みうらじゅんさんが提唱するグラビアのような見方をもって、まさに美しさの虜となった。

仏像の美しさに魅入られるのと同時に、建造物の虜にもなった。「そこに在る美しさ」という実感が、己の胸に響き渡った。こうした経験から自分は、「偉人たちの話もいいが、歴史の勉強もきちんとやりたい」と思うに至ったように思う。

私の感じた美しさには、「時間」という軸もまとわりついた。ある仏像が西暦700年代にできたものだとすると、鑑賞した当時ですでに1200年を超えた存在である。そこまで遥か昔の時代に、こんなにも美しいものをつくる人がいたのだ、という事実が沁みた。

あっけなく「医者の夢」ついえる

死という恐怖をどう乗り越えるのか、という問いへの一つの答えとして、悠久の時を超えてなお咲き誇る、「美」なるものが存在する——私はそう考えるようになった。

死とはいま在る姿が消滅することである。己にとっては意識が途切れることでもあり、他人からは忘れ去られることでもある。私の怯える死とは、かき消すように存在自体がなくなり、もう誰からも顧みられなくなるせつなさでもあった。生命を持つ以上、決して遠ざけることのできない「死」というその断絶を乗り越えるひとつのキーとして、悠久なる美というものがあるのだと考えたのだ。

私は願った。1200年余の年月を越えても存在する美というものに、自分自身もコミットしたいと、そう願った。そうすれば、たとえ肉体は滅ぼうとも、永遠のようなものを手に入れられるのではないかと思ったのだ。

私は、美の伴走者としてその謎を解き明かしたかった。そのためには悠久なる時の流れを知りたかった。歴史を知ろう、しっかり勉強しようと思ったのはそういう純粋な気持ちだったのかもしれない(まだ私も純粋だったのである)。

小学5、6年生にもなると、ようやく学校の勉強の分野として歴史が現れた。渇いた喉に沁みこませるようにそれらを読んだ。和歌森太郎《わかもりたろう》という方が監修した『日本の歴史』シリーズをむさぼり読んだ。

こうしてふりかえってみると、私が歴史の勉強にのめりこむようになったのは、「死という概念からの克服」「美への尽きぬ憧れ」が理由だったのだと思う。

京都・奈良旅行を経た私は、母親のシゴキで中学受験塾の名門・四谷大塚に通い始めた。幼少期に思い至った「医者になる」という夢の第一歩、というわけである。ここでは教育熱心すぎる母に、苦手な理科の成績如何で、文字どおり「顔の形がゆがむほど」叱責されたりもしたが、「医者になる」という志を掲げた自分は負けてはいけないと思った。

しかし初心はあっけなくくじけた。四谷大塚の夏休み・理科実験コース最終日、フナの解剖実験において私はどうしても、メスを握っての解剖ができなかったのである。直後に、母から「カズちゃんはお医者さんになるんでしょう、人体の解剖だってするのよ」と言われて蒼ざめた。私には絶対に無理だとブルブルと震えた。

魚もロクに切れない自分であれば、医者の夢はあきらめるしかない。けれども人間を苦難から救うという務めは果たしたかった。どうすればよいだろう……。

そこで私は5年生になったころ、人生の大目標として「お坊さんになる」という志を新たに持った。宗派や教義のちがいを学び、特に曹洞宗の開祖・道元のストイックな生きざまに強く憧れた。

友だちのいない、孤独な自分の指針にもなった。

自己否定と中島敦

かくして「医者になる、改め、お坊さんになる」というように、人生の大目標を修正した私は、中学受験を、まったく辛いこととは思わずに楽しく取り組んだ。

運動ができるヤツこそがカッコイイし、級友にもてはやされるのだ、という、いかにも小学生らしい認識を持っていた私は、運動音痴であることをさっさと受容し、取り組んだ分だけ結果を出せる中学受験の勉強に、一条の光を見出していたのだと思う。

四谷大塚とは別に、個性的な私塾によるハードな勉強も加速させつつ本格的に取り組んだのだが、第一志望の東京教育大学附属駒場中学校、のちの筑波大学附属駒場中学校にはあっさりと落ちた。反射的に「殴られる」と怯えたが、殴る代わりに母は泣いた。こうして第二志望の武蔵高等学校中学校に私は入学したのだった。

今にしてみれば、武蔵に行って本当に良かったと思う。負け惜しみではなく、建学の理念にあるように「自ら調べ自ら考える力ある人物」という雰囲気が自分には合っていた。少々嫌味な言い方かもしれないが、当時の武蔵は「教駒に落ちて、滑り止めで来たヤツ」という自分と似た境遇の入学組がかなり多く、共感度が高かったのもスタートとしての良さであった。要するに、学校なんて入ってみないと相性まではわからないということでもある。

ただし、独自の教科書を駆使する数学の幾何と理科の物理に私はまったく歯が立たず、すぐについていけなくなった。笑ってしまうほどできないので、苦手科目の勉強は早々にあきらめた。優秀な生徒が集まっていたので、「おれは本当に頭が悪い」という劣等感が再び脳を占めた。ちょっとぐらい良い学校に入ったからといって、在校生のすべてが優越感に浸れるわけではない。むしろ「上には上がいる」と知って早々に陰《いん》キャになってしまう輩だっているのだ。

このあたりは私の基本的な資質の問題になるのだが、小学校の時には運動ができないせいで、勉強に自分の存在価値を求めていた。しかしながら武蔵中学に上がってみれば、自己承認のよすがだった勉強すらも、さほどはできないのだと気付かされた。その後、長きにわたってわずらう自己否定のはじまりである。

これは現在に至るまで変わらないのだが、私は自分の知力というものを肯定したことがない。さらには、天賦の才能を持つ者たちをさんざん目の当たりにしてきたせいか、努力なんて無駄ではないか、とさえ考える自分もいる。

だけどそこであきらめてはいけない。才能がない者は、ない者なりに工夫すればいいのである。

苦心惨憺の末、私は苦手な数学の内容を「丸暗記」することにした。のちにも先生や級友たちからは「本郷は数学を全部暗記した」とからかわれたが、仕方がなかったのだ。分からないなら解法そのものを暗記するという苦肉すぎる策を弄してなんとか乗り切ることにした。

勉強以外に捻出した時間で何をしたのかといえば、文学書を読み漁った。たとえば夏目漱石に耽溺し、明治時代の文豪は漢文や英文学、俳句などの基礎教養を広く深く持っているという点に感銘を受けた。小説『山月記』で高名な、中島敦にも強烈にはまった。硬質な文体で知られる両者に共通した「漢文」という素養は、日本文学に通底しがちな恋愛などというテーマから切り離されたマッチョさを存分に感じさせ、痛快でさえあった。

男子校、そして「おれはモテない」という堂々たる自意識という二点から、私は女性のいない漢語の世界に非常なる好ましさを抱いたのだろう。

特に中島敦は、彼の父親をはじめ一族が漢語教師だったという出自もあって、実にリズミカルに読ませてくれた。幼少時から「死ぬのが怖い病」にかかっていた私は、もっともっと長生きをしたい、と吐露しながらも喘息をこじらせて33歳という若さで夭逝した中島に、自らの身を投影しつつ読みふけったものである。

北村透谷の人生から考えた「どう生きるべきか」

今から客観視してみれば、その考えも「中二病」のひとつではとも思うのだが、自分にとって死の恐怖とは、死ぬ寸前の苦しみや辛さなどではなく、「永遠」なるものだと思っていた。死んだら、もう二度と、永遠に、戻ってくることはできないという恐怖である。永遠が怖い――という表現は中島敦の短編小説「狼疾記」にもある。中島自身を投影した主人公は、寝床のなかで大氷河期に遭遇した未来を想像して、凍った大地に穴を掘り、その中で愛犬と抱き合って死にたいと考えた。小さな生き物のぬくもりやかわいさ、愛情などが、中島の死の恐怖をいくぶんか和らげてくれていたのではないかと想像し、ひどく心を震わせた。

明治元年生まれの詩人で評論家の北村透谷は、自由民権運動への関与とその挫折という経験から、おれたちはどうやって生きればよいのだ、と苦悩した人間だった。そんな北村の人生にも思いを馳せつつ、私ならばどうやって生きたらよいだろうと呻吟したりもした。

武士道を否定された、明治維新以降の人間としての指針——北村はその指針の第一を「立身出世」と捉えていた。一度は自由民権運動に深くコミットしたものの、革命のための強盗に誘われ、嫌気をもよおし一切をあきらめた。次なる指針は近代的な「恋愛」であった。具体的には、すでに許嫁のいた女性と恋愛関係に至ったのである。

中島敦が愛犬と抱き合って死にたいと考えたように、北村もまた愛する女性との身体的なぬくもりによって、死の恐怖を和らげようとしたのだろうか。しかし彼はここにも挫折をおぼえ、最終的にはキリスト教にすがるも挫折、結局25歳という若さで縊死を遂げてしまう。

誤解を恐れずに言うならば、北村には自ら死ぬ、という回答があったからまだ幸せであるが、一方の中島は、死ぬのが嫌だ、という思いが強かったのに病死した故に不幸ではなかったか、などと考えたりもした。こうした中島の懊悩を斟酌し、私の心は共鳴したのだろう。

モテないがゆえ、人生の指針としての恋愛を徹頭徹尾に否定していた私は、結局のところ「美」という存在を、死の恐怖を乗り越える膏薬として受け止めていたのだと思う。

恋愛も美も、形は違えど「生きた証」を空間に残す手段なのだと私は考えた。独りきりの人間は、死んだら存在がゼロになるという恐ろしさを含みながら生きていくものだが、恋愛は人間同士が掛け合わされながらその間にある精神性を「永遠」に引き換えるものかもしれない。

それで言うなら美もまた永遠だ。なにかの具象に感銘を受けた人間がひとりずつ死んで去ろうとも、美そのものは存在を残し、あらたな人間にあらたな感銘を授ける。奈良の芳醇な仏教美術を見るがいい。感性さえ磨けるならば、１０００年以上が経ってもなお輝く、美というものに永遠性をゆだねることができると私は思った。

恐怖と崇拝、両義を併せ持つ永遠なるものの内実を知ろう、と思うに至った。永遠なる存在を知るために、永遠をきざむ時間という軸の、歴史というものを勉強して、その都度、場面ごとの中身を知ろうと私は思った。死が怖い、と怯えるだけの人生から一歩前に進み、怖さの本質を見極めよう、という風に考えるようになっていった。

やはり中二病だったのかもしれぬ。

人材の宝庫だった民族文化部

こうして美術や小説に溺れつつも歴史全般への興味関心をますます強めていった私は、孤独癖、内気を少しずつ克服しつつも、中3の途中で、武蔵の中高が合同でつらなる「民族文化部」というクラブに入部した。

ずいぶんと古めかしい名称なのも伝統ゆえで、古くは単純に「文化学部」と呼ばれたものが太平洋戦争前の軍国主義の時代、「民族文化を研究する」という名目で「民族文化部」へと成り代わり、その後、名称変更を求める分派行動なども経験しながら、現在までこの看板を据えている——といった次第である。

ありていに言えば、日本の歴史と文化を研究、演習するゼミ活動が行われる「歴史研究クラブ」なのだが、過去には第78代内閣総理大臣・宮澤喜一が所属していたほか、まこと綺羅星のような研究者たちを輩出していく場でもあった。

まずここで友だちになったのが、同級生の大津透や後藤治だ。大津はのちに日本古代史研究の立役者として東大教授になる人物である。後藤は、東大の建築学博士号を取得後、工学院大学の理事長となる。先輩には東大理学系の教授となる茅根創さん、東大で上代文学専門、大伴家持研究の第一人者となる鉄野昌弘さん、古代史を専門とされ東大史料編纂所の教授となる山口英男さんなど、今にして思えば錚々たるメンバーが集っていた。

才気あふれるクラブにおいて、とりわけ大津は、とんでもない抜群の知性を持った人間だった。父親はウラジミール・ナボコフやO・ヘンリーの翻訳者にして研究者・大津栄一郎という、本物のエスタブリッシュメントな家庭育ちである。驚くべきことに、彼にはまったく勉強や努力のあとが見えないのだが、開校以来とも言われるほどの秀才であった（悔しまぎれにひとつだけ自分が勝てたことを言わせてもらうと、野球だけは運動音痴な私のほうが上手かった。授業をサボってみんなで野球をやるときなどは、ずいぶんと大津がイジられたことを覚えている。なんのフォローにもなっていないけど）。

こうした面々と過ごすうち、私はリベラルアーツ、教養主義をこよなく是とするサロン的な心地よさを知ることになった。「自分は究極的には頭が悪い」という劣等感と、苦労してでも勉強をやりこなそうと頑張りながらも、心のどこかでは常に肯定を渇望していた気持ちを、ウェルカムと受け入れられたような気がした。

文学を読み、歴史を学び、自由闊達に語り合う。天才と凡才の彼我を突き付けられることこそあれ、教養を愛する人間こそ平等であってみんな素晴らしい、という半生変わらぬ実感が訪れたのも、このころだった。

唯物史観で歴史を教える教師

自主の精神を重んじ、政治性にとらわれない歴史研究を進められた民族文化部での活動を愉しむ一方で、私は武蔵高校の歴史の授業にはいささかの違和を感じていた。

時は1970年代半ば。戦後の反動もあり、まだまだ歴史学にはマルクスの影がちらついていた。私が教えを受けた歴史の教師にもそうした部分があった。

その先生の授業というのは、一言でいえば、敗戦まで日本の歴史学に強い影響を与え続けた「皇国史観」の全否定であり、同時に、「唯物史観」を反映するような内容であった。

皇国史観とは、古代から現在に至るまで天皇の権威こそが連綿と続いていると捉える、万世一系の思想である。天皇に忠義を尽くした武士たちの「物語」の称揚を、唯物史観という武器を使って一刀両断する——そんな授業である。具体的には、社会上の近代的変化を測定する、近代化理論を牽引したエドウィン・オールドファザー・ライシャワーの著書が授業の副読本になるなど、私が「科学としての歴史学」に触れる端緒ともなった。

ただし、「生産構造という土台が上部構造を規定する」「権力者ではなく労働者こそが歴史をつくってきた」などという図式から歴史を説明していくという形には面食らった。

くだんの教師いわく、封建社会という生産構造に規定された社会は、日本とヨーロッパにのみ成立したのだ、その成功例は日本でいえば明治維新で、かように近代化を果たせたのは世界のなかで両者のみである——というような、マルクス史観的な語法や論法に紐づけられた授業体裁であり、そんな解答を求めるテストが出されたことを覚えている。

当時は「物語」からなる皇国史観的に近いドラマの歴史を好み、共産主義に共鳴もせず唯物史観に懐疑的だった私などは、どうしてもテストの成績が振るわなかった（この戦後歴史学のおおまかな流れについては、次章であらためて触れる）。

だが……それからほどなく、世の趨勢や毀誉褒貶にも揉まれたのだろう、大学院を出たばかりで情熱に燃えていたはずのこの歴史の先生は、みるみる精気を失っていったのだった。

ある日など校内放送で「本郷くん、本郷くん、教員室まで来てください」と呼び出され、なにごとかと思えばその歴史教師からの着電だった。受話器を受け取ると、電話の向こうから「本郷くん、おれ二日酔いで休講せざるを得ないんだけどさ、これ以上休むと学校に怒られちゃうから、君、代わりに授業やってくれない？」とまさかの依頼である。

「どこからやればいいんでしたっけ、たしか変法運動で康有為が近代的な国家を作るためのクーデターを起こそうとして、というところからですよね」

「そうだそうだ、そこからやってくれ」と、先生の声がか細くなる。

呆れながらも仕方なしに授業内容を引き継いだ私は、生徒ながら教壇に立ち、「えーすいません、今日は先生が寝込んでいるらしいんで、オレが代わりに授業やります」と、ざわめく同級生に向かって始めたこともあった。

とんでもない話だが、それもまた母校らしいといえば母校らしいし、私はこの人間的な先生が大好きだった。

大津透に言われた「ノートは綺麗に書くな」

日唐比較を中心として、「アジアのなかの日本」という視座から実証研究を行ってきた、古代史の第一人者にして東大教授の大津透——。後に「律令国家支配構造の研究」という論文で博士号を取得することになる、民族文化部で親しくなったこの同級生は、おそろしいことに開校以来の大天才と呼ばれていた。これはお世辞ではなくマジである。

評定の10段階中、平均9点台を守っていた。ある先生いわく、「そんな点数は少なくとも自分の知る20年ほどの間で唯一無二」とのことだったが、成績にもまして彼がスゴイのは「学校の授業のほかには勉強をしない」というところだった。なにも格好を付けたり、こそこそ裏でガリ勉していたというようなタイプでもない。

そんな大津にふと言われたことがある。

「なんで、本郷はノートを綺麗に書くんだよ」

だって綺麗なほうがいいじゃないの、と答えたところ、「おまえは作るためにノートを書いている。ノート作りが目的になっている。それはダメだよ。自分の頭に入れるために書くんだから、そんな綺麗なノートはウソっぱちだ」と喝破されてしまった。

もうひとつ言われたのが「本郷は、なんで授業を聞かないんだ」である。おっしゃる通りで、私は授業中に鉛筆を転がしては手製の野球ゲームに興じたり、机に絵を描いたりと、まこと不真面目な態度であった。それがいけないんだ、と大津は言った。

「先生が授業料のなかで必死に教えてくれているんだから、それを時間内で頭に入れてしまうべきだ。予習復習は必要ないだろう」「授業だけまじめに受けて、あとは遊んでいればいいだろう、家で復習する時間、もったいなくねえか」と、しごくもっともな、しかしながら天才にふさわしい諭しであった。

たしかに授業中の彼の背中を眺めれば、いとも淡々と過ごしている。緊張もなければ弛緩もない。自然体で授業内容を頭に注ぎ込んでいるようだった。

こうした指摘は自分にとって、後年まで尾を引くものだった。あのとき大津の言ったことだけを素直に受け入れていたならば、たとえば大学生時代の前期など、もっと授業で吸収できることは多かっただろうと心から悔やまれる。

私がなぜ素直になれなかったのかといえば、自意識という邪魔があったためであった。「なにくそ、学校の先生には負けたくない」という青い自意識そのものである。おそらく大津は、こうしたノイズにとらわれることなどなかっただろう。彼は、父親が名翻訳者にして研究者という知的探求的な家庭に育ち、ピアノもべらぼうに上手く、のびやかに文化や教養を吸収していった。

その姿は、家族総がかりで血まなこになって教養を身に付けさせられた私にとって、感嘆するものであり、少し心をざわめかせる、まばゆい存在だったのである。

唐木順三『無用者の系譜』との出会い

綺羅星のごとき本物の教養者、文化人の卵たちと日々接しながら高校生になった私は、いつしか世俗的な意味での立身出世をあきらめるようになっていた。勉強でも真のトップにはなれそうになく、才気あふれる級友たちにはとうてい敵わない。

そんな自分の心にすっと沁みこんだのが哲学者・評論家である唐木順三の『無用者の系譜』（筑摩叢書）という一書であった。

これは『伊勢物語』において、在原業平の「身をえうなきものに思ひなして」という一節に注目した唐木が、えうなきもの＝生産性のない、社会の役には立たないような人間こそが、実は「自由に生きる理想的な人間像」であると論じた随筆である。本編のなかでは放縦で思索的に生きた歴史上の人物を例にとりながら「抽象、また観念の世界」に生きる、教養的で自由なライフスタイルを提唱している。一度かぎりの人生、道は険しくとも好きなことをやり続けるべきか――人生の進路に迷っている若い人にはぜひおすすめしたい。

私は本書に挙げられた一遍上人、猿楽や田楽の楽師、西行に宗祇のような歌人、あるいは永井荷風をはじめとする文人たちの、のびやかな存在に鼓舞された。古き時代にも自分と同じようなこと、たとえ生産的ではなくとも、好きなことをやり続けることを願う人間がいたのだ、自分も、好きなことに生きる無用者でありたいと感じ入った。

「立身出世や金儲けをゴールとしない矜持や生き方もあるのだ」

歴史の教師が生徒に向かって投げかけた、あの言葉が私の背中を押していた。

私自身の人生は、世界に貢献するような何かを生み出すことはないかもしれないけれど、私自身が納得すればそれでいいのだ、という奇妙な悟りにも達したのである。

そして……「お坊さんになりたい」という幼時からの大目標もあっけなく消え去る。

仏教書を読んでいくうちに「本物」を読みたいと願い、空海や道鏡、道元らの書物や法華経などを読むようになっていたし、自然と和歌論や俳句論にも興味を広げていた、そんな高校2年生のとある日のことである。

法事のためお経をあげに自宅を訪れたお坊さんが「ここには、もう来られなくなります」と唐突に別れを告げてきた。何故かと問えば、「千葉にお寺を買いました。『株』を買ったのです。その千葉の寺で住職となりますので、本郷さんのお宅には伺えなくなります」と言うではないか。

お寺が株だとぉ？　耳を疑ったのだが、聞き返してもそうだと言う。父親は驚きながらも「それは失礼ながらおいくらだったのか」とさらに問う。

坊主は「5000万円でした」とあっさり答える。

私は度肝を抜かれてしまった。5000万円も用意しないと、住職になれないのかと愕然とした。後年になってみれば、カネなど払わなくても僧になる方法などいくらもあるということに思いいたるわけだが、当時の自分はここで心が砕け散った。

拝金主義も極まれり。カネがなければ住職にもなれない。生臭坊主など真っ平御免、仏の道も金次第とは、まさにコレだな、と変なところで思い込んでしまった。

『無用者の系譜』にかぶれた私はすでに立身出世の道とたもとを分かっていたので、自分は金持ちになれそうもないと薄々勘付いてはいた。

すっと冷めた。「仕方ない、勉強でもするか」と思うに至った。ここでようやく、以降の高校2、3年は学校の成績を伸ばすことに注力しはじめたのである。

「偽物」の自認が磨いた教養主義

本物のエスタブリッシュメントや教養を携えた仲間に恵まれたことで、自分の教養に対する「偽物」意識はどんどん加速した。そんな幼少時代をつらつらと書き連ねてきたが、若い人に向けて自分に言えることが少しでもあるとしたら、「自分には教養がない」とか

「誇るべきものがない」とか、「社会の役に立たないかもしれない」とか、そんな恥や自意識が己の中にたとえ芽生えたとしても「それはそれでいいんじゃないか」という思いである。

「自分にはできないことがある」とはっきり自覚したからこそ始まる人生もある、ということだ。あの人にはできて、自分にはできない。わかった、それじゃあどうするか、という「どうするか」こそが本当に大事なのだと私は言いたい。立派でなくともいい。その人ならでは、みたいなオリジナルやスペシャルなんかなくてもいいのである。

　そんなふうに考える私には、極端な話、反知性主義という在りかたも非常に分かる。知性的な人間に対するある種の恨み、ルサンチマンの発露というものも、これまた人間の性《さが》というか、自然ななりゆきのひとつだと思う。リベラルアーツなんて何？　なんの役にも立たないよ、それよりもカネ儲けの方が大事だろう、という立場や気持ちもよく分かる。こうした方々が多勢を占める社会もよく分かる。

　だが、だが――なのである。

　それでも私は、知性というものを持つ人びとに対する敬意を忘れたくはないし、そんな社会の方が進歩的だと思っている。

極論、知性を磨くというのはそんなに難しいことではない。セクシュアルな欲の対象と遊ぶ時間を全部やめてしまえばいいのである。好きな子と遊ぶ時間があるのだったら、まずは本を読めばいい。おのずと知性はついてくる。

志ある友人と共に過ごすのも素晴らしくいい。もちろん功利を先立たせるわけではないが、「コイツと語りあったからこそ、新しいものを得られたぞ」ということは往々にして起こるものだ（ただし、互いの人生を高めることのできる友をしっかり選ぶ必要があるけれど）。

私はある友人から勧められたバイロンの詩にいたく感激したことがあるし、こうした交歓はお互い様でこそ生まれうるものだと思う。

大切なのは、付き合う相手の知性をヨイショしたり忖度したりは決してしないことだ。映画を観たとき、オペラを観たとき、どれだけのことを同じ目線で語り合えるか、知識量に多寡があってもその腹を素朴に見せられるか、ということだ。

私は自分の教養を偽物だと徹頭徹尾思っていたので、コンプレックスの塊であった。それでもどうしても、教養へのリスペクトや道を止めたくはなかった。だからこそ、本物の人たちの話を真摯に聴くようになり、おのずと聴き上手になっていた。

たとえば民族文化部のお隣にある音楽部には、文部科学省スポーツ庁次長を務めた今里譲や、日本でノーベル賞に近い人間として十指に入るとされる睡眠医科学研究者の柳沢正史らが在籍していた。シンセサイザー奏者・冨田勲のアルバム『展覧会の絵』の価値が分からなかった私や今里を「まてまて」と制した柳沢は、「冨田勲はこれからの時代の音楽家なのだ」と、その理由を丁寧に説いてくれた。「音楽の聴き方」を語る柳沢の話を拝聴するのはとても素晴らしく、豊かな時間だった。

教師という上位の立場から授けられる授業という形態を、どうしても素直に聴けない半可通の自分であったが、友とのじゃれあい、語らいのなかであればすっと心に沁み込んでいった。大切なことは友だちから聴く。それが一番、手っ取り早い方法だと私は思った。

私にはない才能を持っている友人に対し、嫉妬という感情はあまりなかった。福沢諭吉の『学問ノススメ』に出てくる「怨望」という概念を、中学1年の授業で習った。

怨望とは、他人を妬ましくうらやむ心のことである。自分が持たない才能、カネ、人脈などをうらやむ心をやめなさい、と福沢は説いた。この授業が我々に刺さった。級友たちの間でも怨望は流行語となり、「羨ましがるのはダサいよね」という雰囲気が横溢した。

他人をうらやむより、妬むより、正直に他人のすごさを享受し、高め合う。そうしたサロン的な風が、あのころの武蔵の空気にはたしかに流れていた。

パニック障害をひた隠して東大受験

大学受験の季節がやってきた。告白すると、高校生の最後のころには、当時は病名すら知られていなかったパニック障害の持病が私にはあった。往時は不安神経症と呼ばれていた病態である。幼いころからの「死ぬのが怖い病」にも繋がるような状態で、いとも辛いものだった。

私は3回ほど発作を起こしたことがあるのだが、とにかく「死んじゃう！　死んじゃう！」という圧倒的な感覚に押しつぶされ、窒息感が襲い掛かり、心臓がドドドと早鐘を打ったようになり、止まらなくなる。パッと瞳孔が開き、脂汗をしたたらせながらひたすら寝こまなければ治らない、という状態が続く。

この発作がどうにも恐ろしい体験で、なにがなんでも陥りたくない、というトラウマになった。発作がいつ起きるかも分からないので、閉所という誘因要素を排除するため満員電車に乗りたくなかった。

地下鉄もアウトだった。とくに乗車時間が約4分と長い、千代田線の北千住駅－町屋駅区間が私にとっての恐るべき難所であった。ひたすら家に引きこもりたい。こんな絶大なる不安を抱えながらの受験期突入だったのだが、当時の病気認識の限界で、家名に傷を残すのではと後ろめたくなり、母にすら打ち明けることができなかった。

悩んだ末に私は、新宿の斉藤病院にこっそりと通った。北杜夫の『楡家の人々』で存在をかろうじて知っていたのだ。医師に発作の状態を打ち明けて、処方された薬を飲んだのだが、これがまたとてつもなく強烈な効果を出した。いうなれば音響世界のドルビーシステムと似通った仕組みで、音の波形の上下を恣意的にカットしてしまうような、強引な作用をもたらすものだった。

これさえ飲めば試験はなんとかなる、と医師から説得されて、本当に飲みくだして東大受験に挑んだのだが、今にして思えばとんでもない身体状態で臨んでいたことになる。

現在は医療も進歩し、パニック障害に対する理解、手助けも広く深まっていることと思う。1000人のうち6～9人が罹るとも言われている、神経伝達物質のバランスを欠いた状態で、決して珍しくない脳の機能的障害である。

しかしながら渦中の患者本人の辛さ、死に直結したような感覚というのは破格なるものなので、社会人の一人としても、そうした「こまりごと」を抱えた方々への共感という思いは、発症から40年以上たった今もつねづね抱いていたいと思っている。

第二章　「大好きな歴史」との訣別

歴史学は物語ではなく科学——だから一度すべてを捨てる必要があった

大学時代

入学直後にひきこもり

「高三の夏休みこそ勝負だ！」という緊迫した受験ムードは当時からあったが、私は母に命じられて予備校にこそ通いつつも、民族文化部の合宿で遊んだりと、正直なところあまり受験勉強をまじめにやらなかった。志望校だった東京大学で何を学ぶのかを考えた際、美術史や歴史、文学、哲学などを網羅的に享受できる文三（教養学部文科三類）こそが自分にとって最適だろう、と狙いを絞り、なんとか合格をはたした。

このように東大入学についてサラッと書くと、さも順風満帆のように聞こえるかもしれないが、事実はまったく逆であった。なんと四月のしょっぱなから環境の激変についていけない私はひきこもり状態に陥ってしまったのである。中学高校とリベラルかつ狭い世界で純粋培養されてきた私にとって、全国から多彩な学生がわっと集まる東京大学という場所は、カルチャーショックの魔窟にも思えた。

そもそも女子学生と交流する経験もほぼなかった自分のこと、政治活動に打ち込む学生や、遠い地方からやって来た学生、多浪生に苦学生など、あらゆるバックボーンを持つ人びとが混在するキャンパス模様に、ひたすら蒼ざめてしまったのである。

体育の授業を受けるために着替えるだけでも疲れ果てた。「なんだよみんな、縞々のデカパンなんてはいちゃって」と更衣室で苦笑いをかみ殺した。意気揚々とグンゼの白ブリーフをはいていたのは自分独りきりだった。私の下着は社会標準《デファクト・スタンダード》ではなかったのだ。世間をまるで知らないし、アルバイトなんてしたこともない。サークルに入るなどとんでもなく、帰宅部はおろか、自宅に閉じこもっては『水戸黄門』の再放送を眺めるばかりの暗い新入生生活が始まった。

キャンパスでは、これまでの価値観では立ち向かえない人びとが多勢であった。しかも私はお酒を一滴も飲めない完全下戸である。合コンを持ちかけられても帰りたさばかりが脳裏を占めた。時は１９７９年、サザン・オールスターズが『いとしのエリー』を歌った年である。軟派を決めこむか、「造反有理」の名のもとにゴリゴリの左翼的政治活動に身を捧げるか、という両極端が花形の世界であった。私にはどちらも無縁の世界だった。

頭でっかちのわりに無用者を標榜していた私は、そのくせ、みんなのために生きたいという正義の味方なふしがあった。

校門の前に陣取って「ご通行中のすべての学友の皆さん！」とアジる活動家を見かけるたびに、偽善者め、どうせ一皮むけば欲望の塊のくせに、と毒づきながら後にした。

あのころは本当に辛かった。キャンパスにはどこにも身の置き場がなかった。高校時代に発症したパニック障害の発作もトラウマ級に恐ろしく、閉ざされた教室で試験ひとつ受けられないうえ、その事実を家族にも打ち明けることができなかった。

「自分はどうしたらいいんだろう」と悩み果て、中高時代の友人ばかりと後ろ向きにつるみながら、1、2年生という教養学部の駒場時代をこれ以上ないぐらい無為に過ごしてしまった。今ではもう聴くことが叶わない魅力的な講義がたっぷり存在していたというのに、なんともったいないことをしたのだと悔やまれる。つまり、それほどまでに憔悴しきった時期であった。

学生諸君へ。何十万円もの学費を払って授業に出ないというのは、貴重なお金をドブに捨てる行為に等しい。貴方の人生を大きく変える恩師や講義にいつめぐりあえるかも分からない。リモートでもなんでもいいから授業は聴講しておこうぜ!

私の心からの叫びである。

「こんなのオレが好きな歴史じゃない!」

すっかりダメダメになっていた自分を変えたきっかけ——それは武蔵時代の同級生によ

るひと言であった。のちに『日本国憲法制定の系譜』という大冊のシリーズを著することになる憲法学者、当時は文科一類の1年生だった原秀成という風変わりなその男は、同窓という気のおけない会話の途中で、私に向かい、ふとこう言った。

「ところで本郷は歴史が得意だけど、それってどういうこと？」

訊かれた瞬間、喉が詰まった。分からなかった。友による悪意のない、むしろこちらに対して敬意をもって問われた言葉に、私は正面切って答えることができなかった。年号や出来事に通暁し、歴史に詳しいという状態は、実は単に「物知り博士」なだけではなかろうか。そんなものは、たいして評価されるものでも威張れるものでもないと自覚した。

自他ともに「歴史が得意」と認めてきた私だが、「歴史が得意」というのは具体的にはどのような状態を指すものか、考えるほど分からなくなった。「暗記が得意ってこと？」と助け舟も出されたのだが、意味としては違うと思った。

ライバルのような学友の目の前で、自分がながらく思い込んでいた「得意」の中身を、その実まったく理解していなかったことに私は激しく落ち込んだ。

還暦を迎えた今の私が助言するのであれば、「歴史が得意」というものの正体は、（歴史を分析するための）国語力を素地とした大局的な構想力や構成力、分析力のことだよ、となるめらかに答えられる。しかし当時はひしひしと、自分のうつろさが痛かった。

ついに私は思い立った。もう少し勉強しようと。分からないことを認めて勉強しよう。

こうして私は、「学問としての歴史」というものを、調べてみようと少しずつ動き出した。


手始めにわが半生を振り返った。文字を覚えてから浴びるようにむさぼり読んだ、歴史読本や歴史小説の物量を思い返した。「物語としての歴史」の知識であれば誰にも負けない自信があった。しかし大学に進学したあたりで薄々と気付いていたのだが、「学問としての歴史」というのは、どうやら物語のことではないようだった。

真相を確かめるべく、私は図書館に赴いた。入門と銘打たれた歴史学の書籍を数冊抜き取ったのだが、なじみ深い加藤清正の虎退治も、豊臣秀吉の出世物語も出てこない。ない、ない、ない……いわゆる血湧き肉躍る、偉人の物語などは何ページめくろうとも見つからない。私が手にした入門書は、たとえば当時の潮流を強烈に示して、唯物史観に則った「生産構造について」みたいな無機質な論述が延々と続くばかりであった。

「こんなのオレが好きな歴史じゃない！」。心の底からそう叫びたかった。

ぼおっと図書館に佇む自分について自伝的な注釈を入れるのならば、「歴史学とは物語ではなく科学である」と気付いた瞬間だった――とでも表せようが、当時の自分には科学と言い表すまでの思いつきが存在しなかった。ただオロオロと、私の好きだった歴史はどこに行ってしまったのだろう、とたじろぐばかりの時間であった。

引き裂かれた気持ちがした。歴史が得意で大好きだと公言しながら生きてきたのに、私が想定していた物語としての歴史は、実は学問ではなかったのだ。

途方に暮れた。学問というものから拒絶されたような心地がした。

でも、それでも前を向くことにした。自分の人生において学問をやろうということはすでに心に決めていた。ならば勉強するまでだ。こうして自分は、いったん遠ざかってしまったキャンパスにそろそろと足を向けた。

学問をやろう。講義をたくさん受けてみよう。見えない世界を見に行こう。

再び、私の心に小さな灯がともった。

一流の教育者に出会う

こうして本格的な勉学への意欲を持ち始めたところ、駒場で「義江《よしえ》彰夫《あきお》先生の授業が面白いらしい」という話を耳にした。義江先生は学位論文「鎌倉幕府地頭職成立史の研究」

などで知られる中世史の教授で、今回は『平家物語』に関する講義が行われるということで胸を躍らせつつ出席した。ところが、大人気の講義のわりに、自分はさほど魅力を感じなかった。これは中二病らしさ全開の言い訳なのだが、義江先生の講義は文理合わせた教養学部一年生が合流する大教室で行われたため、専門性が希薄で物足りない気がして、軽んじてしまったのだ（もちろん今になって思えば、どのような学生にも伝わる言葉で講義されていたところにこそ、義江先生の腕の凄みがあるのだが）。

そんな妙味を知りもしない若造の私は、欠席続きでフェイドアウトしてしまった。だが、ここでめげるわけにはいかない。私はさまざまな講義を流浪しながら、自らの学問のきっかけとなるゼミにとうとう出会うことになる。

ある日のこと、東大史料編纂所に所属する桑山浩然《くわやまこうねん》先生が「持ち出し授業」という形で駒場キャンパスにやってこられた。私は初回のゼミから、あっという間に夢中になった。この方は私たち学生を教育することに大きな情熱を傾けてくださる、教育者として間違いのない一流の先生だ、と感服した。

我々学生は初回授業で、三つの〝尖った〟論文を読んできなさいと指導された。

三つの論文——黒田俊雄の「権門体制論」からは、歴史学的に見た中世という枠組みを教えられ、石井進の「古代・中世・近世」からは、古代の仏教芸術こそ素晴らしいと思い込んでいた自分の美意識を覆され、笠松宏至の「日本中世法史論」からは、中世は法の整備されていないガバガバの時代だったという史実を知った。

ゼミでこれほど尖った論文ばかりを連続で読まされ、感銘を受けた自分は、中世っていう時代はなかなか面白いなと素直に思った。そして自分の同期には、古代を研究しようと決めていた、あの「天才」大津透がいた。……大津とカブるのは嫌だな……古代はやめよう。よし、自分は中世をやるぞ！　と考えた次第である。

というわけで、私に本格的な歴史学の面白さをはじめて教えてくれたのは桑山先生だった。室町幕府経済研究の第一人者であり、『大日本史料』第9編の編纂をされていたのだが、その後に本格的な研究をやめてしまい、史料編纂所所員として生きることにシフトされていたようだった。

だった。

「石井進」論文の衝撃

桑山先生のゼミで私が読んだ三つの論文のうち、とくに魅かれたのが石井進先生の論文だった。

この論文の内容を、ざっくり言えば、「古代と中世ではどちらの文化程度のほうが高かったか」という問いに答えるものだった。

従来であれば、たとえば仏像の変遷に着目して、奈良の天平仏と江戸の円空仏を比較し、「より時代をさかのぼって古代につくられた仏像のほうが美しく、素晴らしい、つまり古代のほうが文化程度は高かった」と結論付ける学者もいた（後に詳述するが、皇国史観的な歴史観が残っていた時代の歴史学は「天皇の治める古代こそ最高」「武士が出てきて天皇から政治を奪った中世や近代は暗黒の時代」といったような見方がなされていた）。

しかしながら石井進は、文化というものを「美」のようなあいまいな視点で比べるべきものではないと断じ、高柳光寿の論文を引用しながら、米や麦の量を測る「升《ます》」の規格がどのように変化したかに着目したのである。

歴史上の文化を「升」という視点から比較すると、まず古代は規格がてんでばらばらであった。中世においてもさほどの統一がなされていない。

しかし時代が進み、太閤検地をはじめとする豊臣秀吉による統一事業が行われると、ついに升の大きさが列島においてほぼ均一となった。つまり税として取り立てられる米の計量が全国どこをとってもほぼ均一となるわけで、豊臣以前の升の規格が不確かだった時代よりもはるかに文化程度は高い、と高柳は言及している。

石井はこうした論を引用し、そして次のように結んだ。古代から中世、近世と時代が進むにつれて、人びとの努力が重なり世の中は良くなっていく、だからこそ「古代至上主義」のような考え方はおかしいのだ――という具合に。

私は宿題で読まされた石井論文の核心によって、雷に打たれるような思いをした。なぜなら自分こそが、古代につくられた奈良の仏像や建造物という「超越的な美」の素晴らしさに心惹かれ、歴史の魅力の虜になった人間だったからだ。

「美」という尺度を文化程度の比較に使う場合、国宝になるほどの奈良の仏像と、江戸の円空仏とではまったく勝負にならない。

建造物も同じようなもので、古代にさかのぼるほど特殊な建物であり、のちの時代からは替えが利かない唯一無二のものが多い。これが室町時代あたりになると「建売住宅」のようになってしまう。どれも似たつくりの建造物ばかりになり、美という尺度から比較するのなら古代のもののほうが圧倒的に素晴らしい、ということになってしまう。

だが、待てよ、と石井論文を読んで感銘を受けた私は思いをめぐらせた。

本当にそうなのだろうか。

歴史とは誰のものか

たとえば「寺社仏閣の御堂を建てる」という行為はそもそも、仏教を広めるという大きな目的における「インフラ敷設」だったのではないかと私は思考した。

仏教の御堂を建てるという行為を、一人でも多くの人びとに仏教を届けるためのインフラ空間創生と捉えるのなら、古代のように莫大な財力を注ぎ込んだ天才的な仕事がポツンとあるよりも、建売住宅のように数を増やせるシンプルな御堂を、全国各地にワッと大量につくったほうが効率的ではないか。

ここまで考えて私はある種の結論に至った。ああそうか、歴史というのはいったい誰のものなのだろう。もちろん、「みんな」のものだ、と目覚めたのである。

偉人伝を耽読した私にとっての歴史というのは、ごく少数の偉い人にのみフォーカスを合わせた、狭くて仰ぎ見るものだった。それは決して「みんな」のものではなかった。

石井先生が論文のなかで世に諭したように、歴史は一握りのエリートだけのものではない、「無用者」を含め、みんながいきいきと愉しく生きている時代こそ素晴らしい、という考え方に、恥ずかしながら私はこのとき初めて、しみじみと浸ることができたのだ。

こうした思索の流れるままに、それまで疑いもなく真善美を追い求めてきたわが半生にも思いを馳せた。特に美というものについて考えを改めた。美とは、そもそも「誰のための美」なのだろうか。そうか、みんなに美を分け与えられる状態こそ、まことの善ではないか、と思いつき、歴史の見方がガラリと変わるような気がした。そして何よりも、従来の「物語の面白さを一方的に味わう」歴史ではなく、歴史的な一つひとつの事実をもとに「誰のための」「どの視点に立った」歴史であるのかを深掘りして考える、ほんとうの歴史の面白さ、奥深さに出会ったような気がした。

「考える」というのはとても面白いことなのだ。

桑山先生が、こうしたゼミナールを通じて伝えたかったこととは、硬直化したものの見方や思考法をやわらかく解きほぐすことではないかと考えた。

そして同時に、私は自分の来た道を振り返った。恵まれた子弟ばかりの麴町小学校、武蔵中高という閉じた世界のなかで育ち、多種多様な人生に触れる機会をほぼ持たずにここまで来てしまったが、それだけでは駄目なのだ、と痛烈に思わされた。

桑山先生から課せられた、ほんのわずかな宿題によって、ものの見方が転換しつつあった。そして私は、歴史学という学問の底知れぬ奥深さを思い、こっそりと身震いをしたのである。

「豚に歴史はありますか？」――皇国史観の歴史学

このあたりで、戦後日本の歴史学のおおよその流れを知っておくと、より理解が深まると思われるので、概略を述べておきたい。

日本の歴史学の流れは四つの世代で分けると考えやすい。

第〇世代　皇国史観の歴史学
第一世代　マルクス主義史観の歴史学
第二世代　社会史「四人組」の時代
第三世代　現在

それぞれ順を追ってみていくことにしよう。

戦前・戦中の歴史学の特徴を一言でいうなら、がっつり「皇国史観」、ということになろうか。神話で彩られる輝かしい古代を称揚し、天皇を頂点とする国造りの思想を重んじ、皇室に忠義を尽くした中世人や勤王の武士たちの「物語」を顕彰した。古文書など史料に基づく事実の検証よりも、古典作品を重視し、時代の「精神」にフォーカスする歴史学とも言えるだろう。

天皇の時代こそが最高だ、素晴らしいのだ。だからこそ日本人の理想や規範は古代にある、天皇に逆らうような武士のいた中世なんて最低、武士から天皇へと権力が戻ってきた明治以後はグレイトな時代……と戦前・戦中の人びとは思わされてきた。

ただし、こうした皇国史観中心の歴史学の場合、研究や分析の対象となるのは圧倒的に支配者・為政者などのエリート層である。庶民などは完全に対象外となる。

たとえばこの時代の皇国史観の理論的支柱の一人だった平泉澄《ひらいずみきよし》先生は、土一揆、つまり室町時代に頻発した農民たちの反乱――を卒論のテーマにしたいと申し出た帝大の教え子に向かって「豚に歴史はありますか?」と発し、蔑視を向けたという逸話が残っている。これが軽はずみな言葉などではなく、皇国史観にもとづいた平泉先生の長年の考え方であったろうことは研究者ならばよく分かる。

老若男女を問わずに広く人口に膾炙《かいしゃ》する偉人たちの物語こそが重要であり、そもそも偉人になれないような人間など研究対象にさえならなかった。皇国史観の名のもとでは、豚は何頭いようが知ったことではなかったのだ。

実際、皇国史観が幅を利かせたこの時代には、民衆の歴史というものは存在しなかった。天皇を頂点として「万世一系」と現在まで繋がる歴史は、さかのぼると古代よりはるか昔、神の時代までたどり着く。では神の存在をどのように証明したのかといえばそういった方向性はとられず、「日本人ならば信じるしかない」という主旨のことを平泉先生は言っている。それはもはや学問ではなく、信仰であり宗教ではないか、と思うのだが、どうやらそういうことらしい。

こうした皇国史観は1945年、敗戦の年に教科書が墨塗られることで否定された。

しかし子どもの頃に受けた教育というのはなかなか抜けないものなのだろう。高名な評論家の小林秀雄ですら「日本の歴史のハイライトは大きく三つ、大化の改新、建武の中

平泉澄

興、明治維新である」といった趣旨のようなことを言ってしまう。これらはすべて、天皇を称揚する出来事であり、その後のV字回復を描いた歴史である。神＝天皇が中心だった栄光の古代、天皇の行ったことを台無しにしてしまった愚かな武士による暗黒の中世、そしてまさに輝く明治維新——。こうしたV字を描くような歴史観は、ヨーロッパにも認められるものだ。

「下部構造こそが歴史の主役」——マルクス主義史観の歴史学

第二次世界大戦の敗戦を機に皇国史観はほぼ一掃され、それと同時に歴史学の世界でも唯物史観、マルクス主義的な色彩の濃い勢力が頭角を現すようになっていく。前章で述べたように、私の中学高校時代も左翼色の濃い人物が歴史の教師をつとめ「生産構造」「労働者」といった言葉を用いながら授業を行っていた。

戦後すぐの占領期・戦後復興期においては、史的唯物論の立場をとる石母田正《いしもだしょう》を中心に据えた歴史学研究会（通称「歴研」。戦前から存在し「科学的な研究」を標榜する大学横断的な民間団体）の全盛期を迎えた。歴研は１９３１年に東京帝国大学出身の有志により結成された「庚午会」を前身とし、「科学的な歴史学」、マルクス主義史観に則る学術団体として設立された（歴研以外にも、東大の史学会、京大の史学研究会など、明治時代からの伝統的な実証主義歴史学を行う団体もあったが、これらは戦後の再建に時間を要したことから、当時は学問的な優位性を歴研に譲っていた）。

マルクス主義的な歴史観とは、国家の経済を実質的に担っている労働者（下部構造）こそが歴史の主役であり、彼ら国民・民衆が団結して、いつか資本家や国家権力を打倒する日がやってくるのだと説く歴史の見方だ。

歴研の中心人物であった石母田は主著『中世的世界の形成』において、荘園をめぐって東大寺と闘いを繰り広げては敗れていく伊賀国の民衆の苦闘の歴史を描いた。同書は学界はもとより一般にも大きな影響を与え、石母田は戦後におけるスター研究者の一人となった。

石母田正

しかしながら、日本が本格的復興を果たし、高度成長期を迎えるあたりから、共産党、マルクス主義勢力の衰退がはじまり、石母田の歴史学に対する批判が行われるようになっていく（後に石母田は史的唯物論とは別の立場をとる研究者の学説を採り入れるようになったり、逆に史的唯物論系の歴史学者が石母田を批判するようになったりと、かなり複雑なことになっていくのだが、詳細は割愛する）。ここで強調しておきたいのは、石母田への批判から新しい学説や刺激的な論争が生まれ、次代の歴史学へつながっていったという事実である。石母田先生の論文や学説には数多くの批判が生まれることになったが、歴史学が発展する巨大な胚という役割も果たした。大学者というのはそういうものなのである。

石母田の成果は、黒田俊雄の「権門体制論」や、佐藤進一の「東国国家論」などとしても結実した。簡単に言えば、武士が出てきた中世という時代について前者は、天皇（公家）と武士が対立しながらも一つの国として「天皇」を中心にまとまっていたと考え、後者は、鎌倉幕府（東国）は、天皇のいる中央とはまったく別の国家であり、ほとんど独自に発展してきたのだとする。このあたりは現在の中世史にとって重要な論点なので、詳細はあらためて後述することにし、先に進みたい。

「実証に基づいた社会史への広がり」――四人組の時代

史的唯物史観のような「初めに結論ありき」の、イデオロギーに近い立場の歴史学が徐々に衰退していくにつれて、東大・京大で行われていた実証主義的な歴史学が次第に勢力を盛り返していくことになる。言うまでもなくそれは、学生運動の挫折や新左翼の過激派化などによって国民の心が史的唯物論・マルクス主義から離反していったことと無関係ではない。つまり、歴史学とは、他の学問に比べて、非常に時代の空気や世の中の雰囲気に影響されやすい学問なのである（とりわけ日本人と歴史学にはそのような強い相関性があるのかもしれないが、紙幅の都合もあるので、また別の機会にじっくりと論じることにしたい）。

ともあれ、東京大学でも、戦後最初の史料編纂所所長となった古代史の坂本太郎を中心に復興した、実証主義史学の存在感が増していく。一方で、厳密な実証主義で知られ、東国国家論を唱えた佐藤進一と石母田正が接近し、共編『中世の法と国家』を発表したりもした。こうした流れは、すべて佐藤の門下生であった「四人組」の時代を生む素地ともなった。

1973年のオイルショックを越えて日本がバブル景気を迎えたころ、「社会史」に注目が集まるようになる。社会史とは民衆を主役とする、名もなき人びとの歴史を実証的に分析したものである。かつて垂直だった歴史像をパラレルに、水平視する試みこそが当時の社会史であったといえよう。その主翼を担ったのが、歴史学界隈では「四人組」と称される網野善彦、私が教えを乞うた石井進、笠松宏至、そして勝俣鎮夫の各先生であった。

ことに、網野は戦後日本史学、第二のお祭りを担うスター研究者となる。1978年に『無縁・公界・楽』を著した網野は1970年代後半から2000年初頭まで文字どおり日本の歴史学界を牽引した。主に実証主義史学が扱ってこなかった分野を開拓し、まったく新しい歴史像を描きだしたと言える。現在の第三世代にあたる私たちが直接教わった恩師たちの時代でもあり、本書の第二章、第三章はこの時代のことを語っていくことになるので、網野先生、石井先生らを始めとするいくつかの話はこの後しばしば触れることにして、このあたりで再び、私の学生時代に話を戻そう。

現代の常識から歴史を考える危険性

戦後日本の歴史学に関する概略を述べ終わったところで、再び桑山浩然先生の話に戻りたい。

先ほど述べた「中世の日本は天皇を中心に一つにまとまっていた」という、いわゆる「権門体制論」について桑山先生から否定的に教わったことも強く印象に残っている。

中世には天皇を頂点とする勢力（権門）のピラミッドが存在しており、行政を担う公家、軍事や警察を担う武家、祭祀を担う寺社家、そして最下部に農民が、荘園制を経済基盤としながら配置されていた、と捉えるものだ。大阪大学教授であった黒田俊雄先生が、唯物史観に立脚しながら中世社会の構造説明を試みようと提唱した学説であり、「京都」「西日本」の権威を重視する学説でもある。現在でも、なお定説にもっとも近い説とされ、「天皇を頂点とした国家構造」という「枠組み」ありきのスマートな学説とも言えるだろう。

ゼミでざっと権門体制論を紹介した後で桑山先生は「この学説を君たち、どう思う？」と問うてきた。私たち学生の意見をひとしきり聞いた上で、先生は「日本の中世には枠組みなど存在しなかった」という着想からお話を始めた。つまり、国家などというものは最初から存在したわけではない、社会というのもかなりいい加減なもので、混沌のなかで人びとが痛みを伴い、勉強しながら少しずつ国家というものを作り上げていったのだ――というのが桑山先生の見方であった。

こうして、私たち学生は定説に近い論でさえも、いったん保留して自分なりに考えてみる、という姿勢を桑山先生から学ぶことができたのだが、当時としても権門体制論は人気の高い学説という状況のなかで、桑山先生の講義というのは、そうとう変わった教え方だったと思う。だが、そこがとてもユニークであり、素晴らしかった。

桑山先生からは、中世を考えるときに「国家」「政府」など現代的な観念は通用しない、「そんなことは当たり前」という追随的な考え方を根本から考え直そう、という姿勢を教えられたように思う。

それに関して言うと、桑山先生が授業で紹介した、四人組の一人である笠松宏至先生の論文にも私は強い刺激を受けた。具体的には「当事者主義」という考え方である。

当たり前だが、現代の日本というものは「統治」がなされており、社会的な正義に沿う形で法律が作られていて、そこに我々の生活が成り立っている。

ところが中世はまったく違う。シンプルに言えば強い者勝ちの世界なのだ。強い者が勝つことが当然で、国などは弱者をまったく助けてくれないし頼りにならない。自力救済しかないのであった。

たとえば土地の権利書を持っている人間Aと、ただ力が強いだけで正当な権利などひとつも持たない人間Bがその土地の領有をめぐって戦った場合、強い者勝ちの中世の世界ではBが土地を強奪するケースが間々ある。この状態を幕府や朝廷などのお上は「Bが強くてその土地を治めているのならば、Bのものでいいよ」と正当化してしまうのだ。

権利書は幕府が主体となって発行したにもかかわらず、その幕府が権利書の効力をうやむやにして、強い当事者の力を認めてしまう――なんとでたらめな世界だろうか。

私は驚いたが、その無茶苦茶さが妙に面白かった。現代の常識があてはまらないためにかえって柔軟な思考が必要とされるのは、逆に現代とは何かを教えてくれると考えたのだ。

「中世って面白いな。やってみるか」という気持ちになり、以降は中世を専門的に学ぶことにしたわけである。

未来の伴侶の能力に惚れる

再び脱線モードになるが、この桑山ゼミで私は後の妻であり、史料編纂所所長（つまり私の上司）となる小泉恵子に出会うことになった。桑山先生は彼女の能力を早くから買っており、彼女を指名のうえでしばしば発表させたが、私はその内容と読みの深さに感嘆した。ずっとホモソーシャルな狭い世界を生きてきた自分にとって、性別に関係なく学問について語り合える人がほんとうにこの世に実在した、という、殻を破ったばかりのヒヨコのような衝撃に近かった。

無用者として生きたいと願う、ある種の中二病をこじらせていた私に向かって、社会と関わりながら自分を食わせることの大切さを教えてくれたのも彼女であった。殻を破ったばかりのピヨピヨな私は、目の前で潑剌《はつらつ》と社会を説く彼女を親鳥のように思ったのだろうか、ひと言にして、参ったのである。追いかけまわすような気持ちであったが、聡明な彼女には、恋愛感情などこれっぽっちもないようだった。

ある日、笠松宏至先生のきわめて難解な論文について、桑山先生は小泉に発表させたのだが、その理由をのちに先生に聞くと、「この人なら分かっているだろうという学生しか指名しないよ。でも彼女は想定以上に（論文を）読みこんできたね」と朗らかに語られた。教育者としての慧眼ぶりには目を見張るものがあった。

かくして私は桑山先生という素晴らしい水先案内人と、共に学ぶ小泉恵子という友人を得て、ますます「中世史を専攻しよう」と決意を固めるに至った。

さて、広く知られるように、東大生は教養学部の1〜2年生から3年次にあがる手前で、進学割り振り制度——略して「進振り」と呼ばれる学部学科の審査を受ける。成績優良な者から順に進学する学科を選択できるシステムであり、文三生のなかでもトップの数人は、希望すれば法学部や経済学部にも越境して進むことが可能である。

ちなみに……我らが国史学科はダントツで人気がない。成績の悪いヤツが最終的に行き着く場所、とまで言われていた（少なくとも私の時代はそうだった）。そうしたリアリティが身に染みていたので、国史学科とはいえ歴史学に対する向学心に燃えた学生のみで構成される場所ではない、ということはうすうす分かっていた。

それでも私の心は揺らがなかった。進振りの審査を経た私は、大学前期の2年間を過ごした教養学部の駒場キャンパスを離れ、本郷キャンパスの国史学科へと学びの場を移した。

歴史学にロマンは要らない？

教養学部の時代を経て、本格的に国史、日本中世史研究の道を進み始めた私は、それまで慣れ親しんできた「物語の歴史」との訣別をいっそう強く意識するに至った。私が歴史学の道に進むきっかけをつくった最大の「功労者」と別れなければならない——なんとも皮肉なものだが、ここはなんとしても乗り越える必要があった。

偉人たちに通底する歴史のロマンを愛し、偉人伝に心を揺さぶられてきた自分が切り替わらざるを得なかったのは、本物の歴史学とは、そもそも感情に起因する一切のロマンを否定するところからスタートし、科学としての実証史学を成す——という現実に出会ったからである。「歴史学にロマンは要らない」ということの問題は、歴史好きが高じて歴史学を志そうとする若い人がかなりの確率で乗り越えなければならない壁のようなものではないかと思っている。

私がのちに非常勤講師として勤めることになる清泉女子大の狐塚裕子《きつねづかゆうこ》先生から伺った話だが、幕末も守備範囲である狐塚先生のもとには、卒論のテーマとして「坂本龍馬や新選組を扱いたい！」と前のめりにやってくる学生が大半を占めるという。現実には、坂本龍馬や新選組という存在は、ほぼ小説家・司馬遼太郎の影響下にあるロマンの結晶ともいえ、多数の史料の精読を重ねるという学問の対象にしづらい。要するに史料が少なく、研究対象にならないのである。とはいえ、龍馬や土方歳三の物語にあこがれて歴史学を学ぼうとする熱心な学生を無下にしたくもない（私も彼らと同じような立場だったから気持ちはよくわかる）。このジレンマに狐塚先生は毎年のように頭を抱え、論文にまとめやすい対象を再検討するよう懇切丁寧に指導しているという。

だからこそ、言わなければならないのだが、歴史学とは、ロマンや感情による歴史事象の解釈ではなく、ひたすらに科学的な実証をもって成すべし――というのが歴史学の第一段階である。ただし、歴史学発展形の第二段階として、実証にばかりこだわっていてはダメなんだよ、というところまでたどりつかなくてはならない。

このバランスがとても大事なのだが非常に難しい。

ゆえに歴史学者には熟成が必要となる。

頭脳明晰の頂点に立つ数学者という職業は二〇代が勝負だという話を聞いたことがある（都市伝説の類いかもしれないが）。三〇代を超えると頭が固くなり斬新な思考ができなくなる、というのがその理由らしいのだが、翻って歴史学者が六〇代や七〇代になっても仕事を続けられる、むしろ齢《よわい》を重ねるほど大きな仕事を成す方々が多いのも人間社会においてじっくりと経験を積むからなのではないかと推察する（もっとも、偉そうにふんぞり返っていては歳をとる豊穣もないわけだが、それはまた別の次元の話であろう）。

ともあれ、歴史学にロマンや感情を持ち込むのは危険だということを強調しておきたい。

感情と行動を区別する難しさ

「歴史学は人間の内面には立ち入れないし、軽々に立ち入ってはならない」

これは四人組の育ての親とも言える、佐藤進一先生も述べておられた鉄則中の鉄則である。こうした大鉄則にもとづき、大方の歴史学者はトレーニングを積んでいく。

対象が歴史上の人間であれば、その人物像を、歴史資料にあらわれる外面的な行動のみによって丹念に読み込んでいく。その人間がいかなる場合にいかなる「行動」をとるのか、史料で網羅的に押さえこんでいくのである。

「内面にはいっさい触れない」というのはこうした営為の積み重ねでもある。歴史に登場する人物の内面を推量する行為を慎み、起こした行動にのみアクセスする経験を積み重ねつつ、人間そのものに思いを致していれば、おのずと理解が深まっていくと考える。それにつれて人物を俯瞰で、あるいはメタな視点で観察する——これが歴史学における学者の基本的な姿勢でなければならない。

こうした視点をしっかりと持てるようになるには、時間と経験がたっぷり必要になってくるので、歳を重ねた（優秀な）歴史学者がいっそう成果を上げることになる。

最近の若い歴史研究者の中には、歴史上の人物の心の中や感情を忖度し、さもその人物の胸中を代弁するような発言をする方がいる。あえてオッサンの説教っぽいことを言わせてもらえば、そうした態度は歴史の研究者としてはとても危険である。歴史上の人物の心の中へ分け入り、「当時この人はこんなことを考えていたのだ」ということを語る——それは作家や文学研究者の仕事である。歴史学を研究する者の立ち入るべき場所ではない。

繰り返し言っておきたい。現在の歴史学の主流は実証を重んじる「科学」なので、人間の内面にこだわってはいけない。これから歴史学を志そうとする若い人たちにはぜひそのあたりを考えてもらいたい。

科学としての歴史学とは、一級史料を精読して帰納的に考えていく手法である。こうした物語と歴史学という切り分けや分担については、これからもより一層注意深くありたいと考えているし、私自身その葛藤を何度となく経験してきたので、本書でもこの後しばしば触れることになるだろう。

源頼朝は冷酷か——物語と歴史学を切り分けて考える①

それでは感情（物語）と行動（歴史学）の切り分けはどのように行うべきなのか——これは歴史学のとくに重要なポイントの一つなので、源頼朝、北条政子、織田信長の3人に関する事例を挙げながら、より具体的に論じていくことにしよう。

最初に挙げるのは、初代の征夷大将軍にして武士の棟梁、源頼朝の人物像である。20

22年の大河ドラマの影響もあってか、ユーモラスなキャラクターとしても認知された（あくまでドラマの話だが）。が、ご承知のとおり、実の弟にして平家を滅ぼした殊勲者でもあった源義経を討っており、そのせいか「冷酷無比」なイメージがある。

それでは、「なぜ頼朝は弟の義経を討ったのか」という視点から頼朝像を考察してみることにしよう。幼少期から親しんだ物語やロマンの世界はばっさりと（冷酷に！）斬り捨て歴史学的にアプローチしていきたい。

頼朝はなぜ、弟の義経を討ったのか——俗に言われるように「実は弟が嫌いだった」のかもしれないいし、「才能に嫉妬した」のかもしれないい。「かもしれない」を否定はしないが、それらの説は人間の内面に踏み込む行為である。切り分けよう。

歴史学的に義経の死を捉えるのであれば、「なぜ義経は失敗してしまったのか」という点から考えを起こすべきである。これは義経が「何か」に失敗したからこそ兄に討たれてしまった、と考えるのが自然だからだ。

義経の失敗とは、兄の頼朝を討とうとして起きた失敗のことである。義経は壇ノ浦で平氏追討を成してのち、戦における独断専行や頼朝の許しなく官位を受けたことなどを理由に、鎌倉の敵とみなされてしまう。進退窮まった義経は、後白河法皇から頼朝追討の宣旨を受けると、挙兵のために九州めざして渡海したものの暴風雨に遭い、あえなく「失敗」した。これらを理由に頼朝は義経を討った、と感情のものさしを挟まず捉えるべきだ。

また、頼朝は、晩年に対朝廷工作の失敗という汚点を残している。長女である大姫《おおひめ》の入内《じゅだい》問題とイコールで結ばれがちなこの汚点も、物語的、ロマン的に語られがちなエピソードと言えよう。

巷間語られる解釈とは、次のようなものである。頼朝の長女だった大姫は、木曾義仲の息子にして幼馴染の義高と婚約していた。しかし義仲と頼朝は敵対し、ついには頼朝が義高の命をも奪った結果、大姫は心を閉ざしてしまった。幼少時からの婚約者を父親に殺されてしまった大姫の、心の不憫を憂慮した頼朝は奮い立つ。娘を日本一の花嫁とすべく、後鳥羽天皇に入内させようと工作を仕掛けたが、頼朝の朝廷内のパートナーである九条兼実が失脚し、朝廷内での拠点を失ってしまった――という筋書きである。

私はずっとこのエピソードが疑問だった。「本当に頼朝は、娘を思う親心をダイレクトに政治へと反映させるような人物だったのだろうか？」と。

歴史学として分析するならば、頼朝が平清盛を真似て娘を天皇家に嫁がせ、天皇とのパイプを太くしようと目論み、失敗したのではないか、という点から議論を始めるべきだろう。しかし現実には、頼朝に関する精緻な研究が少ないせいか、これについては学問的に納得できるレベルの論が存在しないというのが正直なところだ。

仮に学問的な説明があったとしても私にはピンと来ない。プライベートの頼朝がどれほど娘を可哀想だと思ったとしても、冷静な公的存在としての頼朝が、はたして自分の立場を利用して娘の心を慰めようとするものだろうか。仮にそうであったとしても、そのような分析は歴史学の対象ではない。

北条政子は冷酷か——物語と歴史学を切り分けて考える②

その源頼朝の女房・北条政子もまた、冷酷な人物というイメージが強い。そしてそのイメージをつくっているのは、これまた広く知られているように、彼女が長男の頼家を幽閉、結果として見殺しにしたり、あるいは次男の実朝が頼家の子である公暁に暗殺されるがままにしたりと、まさに「子殺しの母」という印象が強いことから生じている。

自分が腹を痛めて産んだ男子二人を「殺した」のはなぜか——この鮮烈な事象には数々の見解がある。フェミニズムの論客でもある歴史学者の田端泰子先生は「政子は夫と共に作った鎌倉幕府を守るために、自分の子供たちを犠牲にして血の涙を流したのだ、私は政子という人間をとても尊敬する」という趣旨のことを踏み込んで書いている。

一方、母親が自分の子供を殺すというのはなかなか起こりがたい状況である点に着目し、政子は弟の義時や父の時政たちの意志に翻弄されてしまった哀れな女性だ、という理解を示す先生もいる。

私には両者の意見が極端に思えたものの、どちらも結局は「感情=個人の内面の話」になってしまうので、両方の学説ともに距離を置く立場をとっていた。

政子の人物像について、歴史学的に考察を行うのであれば、たとえば、後鳥羽上皇が北条義時討伐の兵を挙げて敗れた、いわゆる「承久の乱」の際の政子の言動がヒントになる。よく知られているように、鎌倉に馳せ参じた御家人を前に政子が演説を行い、感動した武士たちが団結して討伐軍に勝利する……という話なのだが、実は、政子の演説には『吾妻鏡』と『承久記』の二つの異なる史料に違ったパターンが存在する。

『吾妻鏡』に記された政子の演説はよく知られている。概説すれば、「頼朝さまの御恩は海よりも深く、山よりも高い。だからいまこそ、おまえたちは心をひとつにして、頼朝さまの御恩に報いるべきだ」と、迷っていた御家人たちを団結させたという例の話だ。実際は政子が直接演説したわけではなく、安達景盛という家来に代筆させたのだが、概要としてはそうであった。

ところが『承久記』では、政子の演説はまったく違う描かれ方をされている。「私は頼朝さまとの間に四人も子供を産んだ。けれどもおまえたちもよく知っているように、二人の男子は政争のなかで死んでしまった。二人の女子にも先立たれてしまった」と。要するに「四人も産んだのに誰一人として生きていない、この状況で弟の北条義時までもが殺されたなら、自分は本当に独りぼっちになってしまう」と訴えたと記されている。

ともすると吐露された心情の気の毒さに流されそうなのだが、先述してきたとおり、ここで研究者にとって肝要なのは「感情」ではなく、政子の言説と行動である。

細かくは論じないが、北条義時の死後、後妻が自分の子供を将軍に据えようと画策した「伊賀氏の変」でも、事態をいち早く察知して動き、クーデターを未然に防いだのは政子だった。史料からこうしたエピソードを丹念に拾っていくと、政子という人間像は「政治的に、主体的に動ける」という行動パターンに集約できる。史料に残る史実を繋ぎ合わせた結果、少なくとも操り人形になるような女性ではないことは明らかだ。

息子たちを殺されて政子が激怒した、という話は残っていない。政子という人間の行動を冷静に客観視すると、当時の「権力者の配偶者としての女性」という存在が十分に発言力を持っていたのだ、ということが推測できる。

こうして考えていくと、「子殺し」という一点から政子の感情にばかりフォーカスして、「尊敬できる」「哀れな女性だった」という感想に拘泥していては、より大事な視点を見落としかねない、ということが分かっていただけるだろうか。こうした「人間の内面論」を超えた場所でこそ、日本の歴史というものを語るべきだ、と私は常々思っている。

織田信長はなぜ殺されたか――物語と歴史学を切り分けて考える③

物語と歴史学を切り分けるべき話の最後の例として、織田信長を挙げたいと思う。

信長はなぜ本能寺の変を〝起こされて〟しまったのか、と問われたとき、首謀者の明智光秀が信長から過去に受けてきた打擲《ちょうちゃく》のような直接的な暴力、あるいは光秀の母親の死に信長が深く関係したからという、いわゆる「怨恨説」や、光秀が天下を狙ったとする「野望説」など、諸々の説がある。だが、これらはすべて、江戸時代の史料によるものである。

歴史学者として端的に申し上げると、真相は誰にも分からない。だからといってテレビ番組やインタビューで「本郷先生、なぜ本能寺の変は起こったと思いますか?」と問われて「いや～未来永劫分かりませんね」と応えたのでは、サービス精神がなさすぎるだろう。

作家である遠藤周作先生の『男の一生』のように、文学の作品として著すのならば、エンターテインメントなのでもちろんＯＫだ。エンタメならばＯＫなのだが、「歴史研究者」という立場からすると、分からないとしか言いようがない。本能寺の変の真相は分からない——そこを学問的な前提としたうえで、考察してみよう。

「学説」と呼べるレベルに達しているものはたった一つ、「四国説」しか存在しない。これは四国の長曾我部氏をめぐる信長と光秀の対立を指し、この対立が本能寺の変の遠因だったのでは——と古文書の史料をもって、後付けで説明することは可能だからだ。

この答え方は「史料が後年のものではない」「歴史学では踏み込むことができない、心情の筋から成るものではない」という消去法からすれば学問的にはかろうじて許されるかもしれないが、ドラマ性に乏しくエンタメとしては弱いので、私などがテレビの歴史番組に呼ばれて本能寺の変の真相を尋ねられたときには、やはり「いや〜〜、どうですかねぇ〜」などと言いながらニヤニヤ笑うことしかできない。そして、テレビでそんな私をみた視聴者は「なんだ、あの中途半端な生返事は」などと鼻白み、私に敵意の視線を向けることになるのである。

それでも私は歴史学者としての良心を失うわけにはいかない。「人間の内面に踏み込まない」という厳密なルールを守っているので、信長に対して光秀がどう思っていたかなどという感情の話は語れない。光秀がどう思っていたのか、という点と、いかに行動したのか、という点はきちんと区別しなければルール違反だ。人の感情というのは「裏取り」ができない。証拠にならないものをいくら集めても、学説は作れないのである。

そして、それだからこそ私は、今日、歴史系のテレビ番組などに出演する際に、この「人間ドラマありき」なテレビというメディアや番組の特性を踏まえたうえで臨むようにしている。よく「あなたのような東大の先生が、あんないい加減なテレビに出て適当なことをしゃべっていいのか」「そんなに名前を売りたいか」などといったような批判をいただくことがある。

このような批判について、私は三つのことを申し上げたい。第一に、私は決してテレビでいい加減なことはしゃべっていない。いまここに挙げた本能寺の変のように、歴史的な根拠に乏しい、学説から外れた、自分で勝手につくりあげたような説を披露したりしたことは一度もない。第二に、私がテレビに出る主な理由は、「みんな歴史好きになってほしい」からだ。偽善のように聞こえるかもしれないが、この点については、第四章や終章であらためてしっかり語りたいと思う。

そして第三に……著名になりたい、人気者になりたい、だからテレビに出るという気持ちもちょっぴりだけある。だって人間だもの。

「大人になる」ということは

「大人になるということは、自分に詰め腹を切らせることだ」

保守思想家の西部邁の至言である。自分に詰め腹を切らせる、つまり、自身の顕示欲は後回しにし、自分を殺す＝自分の意にそぐわないことでも時にはやらなくてはいけないことがあるのだ。それが大人の責任というものだ。

歴史学には、この至言がよくあてまはると思う。自分がいったん「この考え方を学説に昇華させる」と決めたなら、魅力あふれるミステリー的なロマンや、物語的にドキドキワクワクする自分を徹底的に否定しなければならない。事実に裏打ちされていないものは学問ではないのだと断固として否定するのだ。自分の望む形を何度も否定して、否定して、否定する。そこまでしないと学説というものにはたどり着けないように思う。

自分の好みに引き寄せてはいけない。ある意味で究極的にストイックな世界である。学説を大切にしながら、ものの見方というものは非常に純粋でなければならない。ブレてはいけないし、不純物が混じってはいけない。その一事を肝に銘じ、自分はその一点をきちんと踏まえられる人間だ、自分に詰め腹を切らせることができる人間だ、という一点に自信を持てた人間こそ、「私はこう思う」と伝える資格をもつ。

だから「思う」という言葉を簡単に使ってはいけない。そこをきちんと線引きできない歴史学者はヤバいのだ。ストイック過ぎると感じる方もいるかもしれない。だが、連日連夜『大日本史料』の編纂を行っている私のような身からすれば、それは仕方のないことだし至極当然なのである。

歴史資料の編纂というのは、自分を殺すことを是とする。「オレはこう思うんだけどなー」と思いついたとしても、従来の流儀に沿って史料を並べ、無理筋だと知ればいさぎよくあきらめなければならない。ついでに言えば、ちょっとぐらい独創的なアイデアを思いついたとしても、それはすでに史料編纂所に存在する、100年以上もの先人たちの積み重ねの前においては、ほぼ意味をもたない。

自分を殺す――当時20歳そこそこだった私はとても苦しんだ。偉人伝のような物語から歴史の世界に入ったものだから、一度すべてを棄てねばならぬと気付いたときは辛かった。だが、引き返すという選択はもはやなかった。

おそらく「自分を殺す」という作業は、さまざまな学問に常につきまとう。仏教芸術の美しさを学問的に表すならば、客観視と尺度の設定、言語化の作業が決定的に必要となる。「美しいから美しい」は学問ではない。それは優れたラーメンを評論する難しさにも似ている。おのおのの好みの味、ノスタルジー、立地に店主のあしらいに……それらをごく個人的な感想に落とし込むだけでは万人に開かれた評論にはならない。自分の好みはグッと押さえつつ、自分を殺して、客観的な尺度で言語化しながら評論を行う、そんなハードルの高さを想起させる。

結果的に私は自意識の否定からことを始めた。「違うそうじゃない、僕がやりたいこと知りたいことはこれなのだ」と駄々をこねて偉人伝的な物語にしがみつく気持ちは毛頭なく、自分を殺し、「正統な歴史学のメソッドを体得する」という方向に、思い切り舵を切った。そして、おそらくそこが私の正式な学問のスタート地点になった。

政治史よりも民衆史

1981年、3年生になった私は、四人組の一人である石井進ゼミに参加することになった。石井先生の専門は中世政治史。『大日本古文書』の編纂にも従事した歴史学者である。

先生は、40歳のころに政治史の研究をぱたりと止めた。博士論文として著した『日本中世国家史の研究』にはっきりと記されているのだが、「この論文は、ある方の宿題に答えるために書いた」とされている。ある方――佐藤進一先生に、「君ならば『律令国家＝古代との連続性において、中世はどのように生まれてきたのか』という問題に、どう答えるかい？」と問われて博論を完成させたのである。つまりこの博論は佐藤先生へのアンサーに過ぎず、石井先生ご自身のやりたかった仕事とは言えない。なぜなら政治史というのは、為政者＝エリートを対象とする学問だからだ。

本当の意味での石井史学は政治史研究を止めたときから始まった。歴史を動かすのは上位数パーセントの貴族ではなく、人口の多くを占める名もなき人びとだ。石井先生は、彼ら民衆がどのように生きてきたのかを明らかにできなければ歴史学ではないよね、という考えをお持ちで、民俗学と歴史学と考古学を総合的に用いつつ、中世というものの解明を進めていった。それこそが先生が本当にやりたかった歴史学だった。

唯物史観の立場をとる先生方は往々にして「我らこそが民衆の歴史を解明している」とおっしゃるが、私からすれば本当の意味でその仕事をしたのが石井進だと思う。

さてそのお人柄をみてみると、他の先生方からは「石井君はなんでも知っている」「タブロイド紙まで読み込んでいる」と、博識さばかりを感嘆される存在だったが、おそらく先生ご自身は「私のウリは博識？　まったくもって全然わかってませんね」と舌打ちされたのではなかろうか。そう、石井進の真骨頂は、「知っていること」などではなく、「深くものを考える」ということだった。博識ではなく考察力こそが石井先生の最大の武器であった。身近で見続けてきた私が言うのだから間違いない。

「学問の新発見」トリビアを一蹴される

一方、学生時代の私はどうしても細かい知識にこだわるところがあった。他の誰も知らないようなトリビアを史料の中から発見して自分の力量を示し、みんなから称賛を受けたかったのだ。今から思えば恥ずかしさ極まれりである。

ある日、石井ゼミで、私の最初の発表が回ってきたときのことだ。私は『政基公旅引付《まさもとこうたびひきつけ》』を読む」というゼミのテーマに則って、和歌山県の根來寺《ねごろじ》を主題に掲げた。

準備してきた史料のなかに、学問僧が修行にかけた年月をあらわす「臈次」という単語があった。難読かつあまり知られていない仏教用語のひとつだが、一般的には「ろうじ」と読む。しかし、私が使用したその当時の史料には、臈次の隣に「らっし」と読み仮名が振ってあるではないか。これは新発見だ！　私の胸は高鳴った。この発見をぜひ「博識の石井」先生に伝えたいと意気込んだ。しかしゼミには先輩方も居並ぶわけで、さすがにドヤ顔はできない。

かくして私は、暗い野望を抱えた学生にありがちな行為に出た。さも淡々と、という体で当日の発表を行いつつ、途中で、「あ、これ、どうでもいいことなんですけど、この当時の史料では藺次と書いて『らっし』と読んでいたらしいですね」とさりげなく……私的にはクライマックス的に言葉を挟んだ。と、その瞬間――。

「うん、そうだよ。そんなのはどうでもいいことだよ」と石井先生はお言葉をかぶせたのである。若造の鼻をへし折る、というほどの強さもなく、心底からどうでもいいことなのだというそれだけの声量で――。

言い訳がましくも自分の名誉のために言っておくと、発表全体への講評としては「とてもよい読みがある」と先生に褒めていただいた。けれども、トリビア自慢会のようなものには一切といっていいほど重きを置かない、むしろ拘るべきはそこではない、と諭してくださる先生だ、という事実が、ずしりと刺さった。

石井先生のカッコよさはそこにあった。深い博識を、決してひけらかすことがない。知識は力点を置くところでもなんでもなく、一つ一つの史実から、いかに考察していくか、そこが大事なのだと導いてくれた。そのカッコよさが私を打ちのめした（後述するように、石井先生とはその後いろいろあるのだが、少なくともその時点ではそう思った）。「歴史ってのはね、暗記や知識じゃない、考えることなんだよ」と言われているようだった。

「新しい事実を発見する」という、私が今まで歴史と捉えてきたものはいったいなんだったんだろうか。参考書をめくっては大量に暗記を重ねてきた、何年に何が起きた、何月に誰が死んだ、というオレが長年にわたって蓄積し続けてきた歴史的な知識の羅列はいったいなんだったんだろうか——。「うん、それはどうでもいいこと」だったのか。

かくして「薦次」の些細なエピソードを発端として、私は石井進的な学問の入口に辿り着いた。知ること、憶えることは素地に過ぎぬ。ほかでもない、自分はどういう学問を成すべきなのかと、今度はひたすら考え込む日がやってきた。

石井進

もっと我々を教育してほしかった

1931年生まれの石井先生は、東大国史学科で学んだ後、1960年に史料編纂所へ入所されている。言うまでもなく全学連の最盛期、安保闘争の真っただ中である。

そんな石井先生は、「学生が革命を夢見てゲバ棒を振り回していたころ、石井君だけは運動には見向きもせずに教室に籠もり、ひたすら勉強を続けていた」と噂されていた。「だから本郷くん、君の師匠が石井君というのはとても幸せなことなんだ、彼のやっていることをしっかりと見て勉強しろ」と激励されたことを憶えている。

石井先生の古参のお弟子で、史料編纂所の教授から國學院大學に移られた千々和《ちぢわ》到《いたる》先生からも直接伺ったことがある。「いや〜、今から考えると、石井先生こそ本当の意味でのリベラルだったんじゃないかな」と。私にはそれがとても染み入るようだった。周囲の大半がマルクス主義や革命に突き動かされているあの時代にあって、石井先生は民俗学のパイオニア、柳田國男のお弟子でもあった。きっと、先生は思われていただろう。歴史の主人公は源頼朝や織田信長ではない。名もなき個々の人間こそが歴史の主人公であるべきだし、そうした歴史こそが本当の歴史なのだ――と。

こうした大切なことを石井先生は、ことさら表向きにおっしゃる方ではなかった。ただ信念を持ち、学究に打ち込まれた方なのだと私は今になってひしひしと思う。

「真のリベラル」である石井先生は、なによりも、人を肩書や経歴などで区別しない方でもあった。やたら権威に強くて弱い学会の教授陣にあっては稀有な存在であった。

ゼミに在野の研究者を呼んできて、私たち学生の前で話をしてもらう、という機会も多数あった。先生がゲストにして頼りにする方々には、「自分は××大学の教授だ」「◎◎博物館の館長だ」というような肩書がまったくもって不要のようで、つまりは威張らない方々だった。

今にして思えば、石井先生ご自身が歴史学者としての立場や「目利き」としての自分を確立していたので、この人は！　とひらめく在野の研究者なり認定された方なりを研究室に呼んで、学生向けに話をさせることができたのだろう。

だが、情けないことに、未熟であった当時の私などはそうした先生の姿勢に反発をおぼえ、「なんでこんな在野の爺様がオレたち東大生に高いところからモノを言うのだ」と苛立ったものである。ただし、石井先生は、そうした学生たちの苛立ちやハテナ印に、いっさいの苦言をも呈さなかった。

現在の、教育者としての私であればそこでひと言「なぜ学生の君たちが思いあがってはいけないのか」と釘を刺す、教育すべきだろうと思うのだが、石井先生はそうした手間はかけなかった。そこがまた石井先生の風変わりなところでもあり、教育者としてその姿勢はどうなんだろう、と思ってしまう部分でもあった。その意味で、先生は厳密には「教育者」ではなかったのかもしれない。

ある日、石井先生が「荘園の生活」というテーマのスピーカーとして呼んだゲストは、竹本さんという在野の研究者だった。

現在の岡山県にあった新見庄《にいみのしょう》という荘園を研究する郷土史家の竹本氏いわく、「(私の地元では)自分の手で人を叩くことは許された。だが木の棒などで人を叩くのは罪になった」と語った。これを聞いた瞬間、石井先生の顔が輝いた。こういう話こそ聞きたかったんだよね、と喜ばれた。竹本氏が「素手で傷つける分には許されるけれど、武器を使うとは戒めの対象となり許されなかった」と話を続けた。荘園領主の部下や小役人が、農民を叩く場合を想定しているのである。もはや石井先生は学生そっちのけで、おお～と唸りながらメモを必死で取っている。

石井先生というのは、そういう人だった。私たち学生はその先生の興奮を、何がそんなに面白いんだと半ば冷ややかな眼で見てしまったのを覚えている。今にして思えば石井先生の方こそ、そんな白けた学生のことを冷たい気持ちで眺めていたかもしれない。

余談ではあるが、石井先生が、三重県菰野《こもの》町という、かつては二万石弱の小さな藩だった町から講演に呼ばれた時のこと。先生はこっそり「なんでそんな遠い所に講演に行かなきゃいけないんだ」と文句をつけた。しかしご当地にはどうやら中世墳墓があるらしいと知るや、「あ、それなら行こう」と手のひらを返し、えびす顔になったという。

アカデミア本流、正道の学者でありつつも地方や在野の方を尊重する——というのは石井先生の「表の顔」であって、実際には小さな矛盾もあったのだと知るたびに、ほのかな人間臭さを知る思いがして、ひそかに嬉しくなる私であった。

エリート意識は棄てなさい

こんなこともあった。石井先生からの指示によって、私はとある国文学の講義に出席するハメになった。講義のテーマは宮本常一の「土佐源氏」。これを読んでレポートせよという課題を出され、私は心底めげてしまった。

知らない方のために解説しておくと、「土佐源氏」とは、土佐にほど近い伊予の喜多郡に生まれた元馬喰《ばくろう》の爺様が、死んだ親分の妾の子をモノにしたり、出入りしていた県会議員の妻を寝取ったりと、なんともまあ自分の豊富な性遍歴を生々しく語りおろすという、本家の光源氏も顔負けの放縦な物語である。

私個人は、性行為というのは世阿弥の言う「秘すれば花なり」だろうと思っていた。だからこそ、あえて獣性の強烈な性愛に関する課題を出す教授のもとに、わざわざ自分を指名して送りこんだ石井先生に対して、大きく深い溝を感じてしまったのである。

このなんともいえない不快感については、石井先生も大いに察するところがあったようだ。まもなく私は先生にこう喝破されてしまった。

「本郷君は、ある種のエリート意識をすごく持っているでしょう。それを棄てなさい」

私はすぐに嚙みついた。「いや、エリート意識なんて持っていないですよ」と。石井先生は小さく頷いて去り、そこで話をおしまいにした。しかしこの一件はじんわりと、私の心の中に後々まで尾を引くことになった。

先生は、清濁併せ吞む人間そのものの愛おしさというものを引き受けなければ、人としての幅ができないよ、ということを伝えたかったのかもしれない。

しかし今もって私は、「生理的に無理」という感覚を捨て去れずにいる。その点では齟齟齬は残ったままとなったが、彼我の違いを含め、人間生理にさかのぼる地点までの気付きをくださったのが、石井先生だったというのは紛れもない事実である。

卒論ではひたすら数字を並べた

さて、そんな私も卒業論文を書かなければならなくなった。幸か不幸か、歴史学という学問自体がいかなるものかはそのころまでにはなんとか摑めていた。少なくとも、学問は感情やロマンの排斥から始まるのだと。科学であり、実証しうる史実の積み上げこそが肝要なのだと。

歴史学は科学でなければならない。英雄豪傑の物語性を排除しなければならない。人間の情動の分析をやめる。そして常に史料を参照しながら裏取りを重ね、写本を校合し、文章の隅々にいたるまでびっしりと注をつける。誰の行動にも、抱いた思想にも、がんじがらめに注をつける。このようにして、はじめて実証的で科学的な叙述の要件が満たされる。

しかし、では、実際にそれをどのような手法で書きあげるべきなのか——。悩みに悩んだあげく、私が選んだ手法は「数量分析」だった。

私は、当時の史料から田畑の面積や収穫量の数字を並べ、それらを分析して卒論をまとめ上げることにした。注力したのは、とにもかくにも数字の重視、そして物語の徹底的な排除である。具体的にとりあげたのは、紀伊国（現在の和歌山県）の名手荘《なてのしょう》という荘園における収取の関係、つまりお米の収穫量と課税の関係について、である。ありったけの史料を調べて整理することで、名手荘とその荘園領主であった高野山との関係や構造を明らかにするのが目的だった。

一般的に高野山といえば空海（弘法大師）で有名なお寺（金剛峯寺）といったイメージだが、実は地方ごとの武士的な存在と密接な結びつきが存在していた。つまり高野山は宗教勢力であるとともに、在地の権力・武力組織に他ならない。そのことを荘園・田畑と課税の関係から証明する——そのような趣旨の論文を書いたのである。

調べていくうちに、名手荘で多くの領地を持つ者の素性は大半が在地領主、つまり武士であると判明した。ここでは長男が武士となり、次男を僧侶として高野山に上げる通例があった。こうして宗教勢力の高野山に上った彼らは実家の武力を背景として徒党を組み、戦国大名にも近しい高野山という権力を構築したのである。

私は卒論のスケールを地方の個別寺院の研究に留めず、宗教勢力という一般像を解き明かすものにしようと試みた。この大きな志のために、細かく税を定量分析し、納税の分布をふるいにかけ、系図を起こしながら権力のさまを明らかにしたのである。

すると在地の人びとは高野山に上がる地主層、村の自治をになう本百姓、自立できず種籾まで喰い尽くす隷属的な小作という三つの階層に分かれており、荘園をまたいで同じ階層にある地主や本百姓同士が、横に繋がっていることが分かった。

こうした横の繋がりの礎とは「仏の前での平等」という宗教勢力ならではの概念であったのだ――ということを、私は「個別事例からの一般化」として卒論に記したことになる。むろん不十分なところもあるものの、野心的な論文だったと自分を褒めたい。

ちなみに、さらに構想を広げると、同じく宗教組織の一向宗と血みどろの戦いをくり広げた信長の世界は、主人と家来の上下関係による縦社会であったため、荘園の平等をむねとする横社会とはまこと原理が違ったことになる。もしもではあるが、一向宗が信長に勝利していたとすれば、江戸時代の人びとの構造はだいぶ違った形になっただろう。

江戸時代とは、平等を手放しながらも平和を選び取った世界であった――というのが現在の歴史学者としての私の見方である。

自分として大いに奮闘した結果、史料編纂所の天才カサマツこと笠松宏至先生や小泉恵子からは「本郷君が今まで書いた論文のなかで、一番いいのは卒論だね」と口々に言われてしまう始末であった。

高野山から日本全国に広げるには？

ただし、である。この論文を書いているうちに、私は大きな壁にぶつかってしまった。「個別の実態をどう一般化するか」という問題だ。つまり、和歌山の名手荘という一荘園の個別事例から、日本全体の荘園という実態をどのように明らかにするか。また高野山を例に引いて宗教勢力にまつわる話をどう大きく広げるか、ということである。

どうせなら、スケールの大きな卒論にしたい。だが、高野山をいくら詳らかにしようと、それをもって全仏教界隈へと拡大解釈させるわけにはいかない。私は悩んだ。石井先生からは「まさに本郷君のエリート意識だな」と笑われてしまいそうだが、当時の自分は、仏教全体の巨大な構造を明らかにして一般化を果たさねば論文としての意義がない、と、ずいぶんとたいそうな思いを背負って苦吟したのである。ここで頭を使わなければと大いに悩んだ。そしてようやく理解できた。

「そうか！　だから多くの人は、権門体制論を支持するんだな」と。

若干説明が必要だろう。前述した権門体制論は、大雑把に言えば、当時の日本を、天皇を中心とする大きなピラミッド型の「国家」として捉える考え方である。そして、この権門体制論に肯定的な論調の論文にすれば、高野山という地方寺院の事例も「権門体制論が示す国家構造のワン・オブ・ゼム」、つまり国家というあらかじめ存在する構造体のピースとして組み込めるわけで、とても単純に大局を論じやすいというわけである。

だが、当時から私は権門体制論よりも、東国国家論的な立場——東国の武士政権は京都とは別の政治体制であり「国家」とは呼び難い——をとっており、その立場に立脚するならば、「さあ、まずは国家とは何か、その仕組みから考えていきましょう」という大前提でスタートするため、私の卒論のインパクトが矮小化されてしまう（ような気がした）。要するに、中世の国家とは何なのかという大きすぎる問いに何も答えていないと悶絶していたのである。

悩み果てた私はそこで、教育者のプロたる桑山浩然先生にこっそり相談することにした。「自分が卒論でやりたい内容は、どうしても一般化できません。それでは論文としての価値が見出せないのです」といった具合だ。

すると桑山先生は、良い手があるよ、と即答された。「中世というのは、豊かで多様性に満ちた時代だから、本件もそのワン・オブ・ゼムとしての意義がある」と、結べばいいとおっしゃるではないか。

その手があったか！　と、私は非常に驚いたものである。

とはいえ、自分の研究結果が「中世という多様性のあらわれの一部である」と言えたとしても、権門体制論に組み込めたときほど鉄壁な論文を組みづらいので、それは言い逃れに過ぎないのでは、とまた悶々を繰り返したことを苦く思い出すのである。

第三章　ホラ吹きと実証主義

——徹底的に実証主義的な歴史学を学んだ、そしてホラの吹き方も——

大学院時代・そして史料編纂所へ

大学院の学費

学部時代の最終盤、果てしなく悩みつつも卒論を出し終えた私は、一種のモラトリアム的な生活を送っていた。実家暮らしを続けること二〇年余、ひとかけらの自立心も持たずに現実味の薄い生活を送ったせいなのか、社会に出ようとする気はまったく起こらなかった。「自分の好きなことをひたすら続けよう」という〝無用者〟へのあこがれを漠然と抱き続けた私は、さもそれが当然であるかのように大学院を受験して進学したのだった。バイト禁止の勉強優先、という家庭方針で育ったことも理由だろうが、私は金を稼ぐということについていっさい真面目に考えたことがなかった。

時は1980年代初頭、バブル経済が始まるのはもう少し先のことだが、それでも日経平均株価は右肩上がりで、誰もが豊かになれると信じられた最後の時代である。

こんな私にさえも、リクルート社を介する就職情報が山のように届いていた。もちろん、まったく読みもしなかったし、就職試験はこれっぽっちも受けなかった。立身出世の道を棄て、無用者として生きる思いが勝っていたので「働かねば」という焦りなどはいっさいなかったのである。

大学院に所属しての研究生活は抜群に面白かった。もっとも、それらの面白さの理由というのも今にしてみれば当然のことで、「嫌なことがあれば辞めてしまえばいい」という、労働とは対極にある気楽さがあったのだと思う。

いまでも鮮明に覚えているのが、東大大学院の学費が破格に安かったことである。当時の学費は1年間で14万4000円、ひと月およそ1万2000円、1日あたりの「入場料」としても400円という激安ぶりであったのだ。ちなみに現在は52万円ほどかかるから……まあ……いい時代だったのだ。

未来の妻に説教される

この学費の安さを僥倖と思いつつ、私はある日、のちの妻となる学友の小泉恵子にふと話しかけたことがあった。同期のK君が、御父上から院試の受験に難色を示された顛末について、である。

K君の御父上というのは「男は稼いでこそ一人前だ。大学院で遊んでいる暇などない」というお考えの持ち主であった。そこをなんとか説得したK君は、浪人を許されない背水の陣で院試に挑んだのだが、残念ながら不合格となり、社会人の道を歩みはじめていた。

私はその件についてK君に同情を寄せつつ、教養の重要性を理解しようとしない（少なくとも私にはそう思えた）彼の父親を非難するような論調で語ったのだが、小泉は同調するどころか、こうした私の態度に業を煮やしたようだった。

「あなたのほうがおかしいのよ」

彼女は呆れたように声を出し、こんこんと諭されたのである。

「本郷君、あなたのように、社会的な存在になる決意を持たず、労働を拒否して勉強だけする男子、というのはおかしいし、変なのよ」

労働拒否の是非論に、「男ならば」と区別が盛り込まれたのも時代ゆえの限界だったとは思うのだが、とにかくも当時の私は打ちのめされた。

自分の生きざまが「おかし」くて、「変」で、チャランポランなのだと突き付けられたことで、気持ちが激しく揺れた。金はもちろん名誉もいらない、地位すらも求めねえや、という無用者としての覚悟を決めこんで生きてきたはずなのに、朋友から喰らった一撃が、自分のもろさをあらわにした。

好きなことを続けながら生きようとすることって、そんなに悪いことなのか？

無用者だとうそぶいて大学院生になった私は、無用者だとうそぶくことに小さな欺瞞を見つけてしまい、今度はそのことで苦悩するようになった。

レベルが違った大学院の実証史学

こうして始まった大学院生活では、後に今上天皇の恩師にもなった史料編纂所の所長、新田英治先生や、新田先生の後を継いで所長になられた百瀬今朝雄《ももせけさお》先生というお二人のゼミに入ることができたのだが、それがまた大変に刺激的な講義であった。

私はここで、究極レベルとも言える実証史学の真髄をたっぷりと目の当たりにしたのだ。

「中世の相続制」などの論文を出し、学習院大学教授を経て東大名誉教授を務められた新田先生は、ひと言で言うならば「史料の物量」で圧してきた方である。

大量の史料を読み込み、歴史上のありとあらゆることをご存じなうえに、さまざまな情報を惜しみなく分け与えてくれるお優しい人柄で、私たちに「史料を着実に読め」と教えてくださった。

一方、『弘安書札礼の研究――中世公家社会における家格の桎梏』などを著した中世法史の百瀬今朝雄先生は、とにかく史料の読みが鋭かった。学部時代に桑山先生から課題として出された『建内記』という室町中期の貴族の日記を、百瀬先生のゼミであらためて精読することになったのだが、正直に言って百瀬先生は、読みのレベルが残酷なほどに「上」だった（比較してしまうのは申し訳ないのだが、だからといって決して恩師である桑山先生に抱いた尊敬の念が薄れているわけではない）。

たとえば百瀬先生は、膨大な数の貴族の儀式について通暁されており、どんな日記でも読み下された。およそ当時の貴族にとって8割を占める政治活動とは、いかに詳細な知識をもって儀式を乗り切るか、そして子孫に伝承できるかに懸かっていた。そこで儀式を記した「読ませる前提の日記」が、家ごとの財産として重用され、伝承されるならわしがあった。こうしたものを至極あっさりと読まれたものである。

諸先生方それぞれの「実証の格の違い」「読みの深度の違い」を続々と経験するにつれ、自分にも少しずつ歴史に対する〝眼力〟がついてきたことが分かった。

たとえば、仲間内で史料を読む際に、「彼はしっかり勉強してるな」「コイツはやる気がねえな」などと、一発でその人間の力量を測れるようになったのだ。

こと歴史学において「実証する」という行為は、決して、史料と原稿用紙を並べて書き写すようなことではない。ましてや、崩し字の史料をいまの漢字に直して読むというレベルなどはイロハのイであってそんなものは研究とさえ呼べない（あまり声を大にして言えないが、そんなことをもって「研究の成果」だなどとドヤ顔をする方もいる……）。

偉そうに聞こえるかもしれないが、ここまで言い切ってしまえるほどに、私たちは徹底的に教えこまれたのである。とにかく物量を与えられて読む、読む、読む、その繰り返しである……千本ノックのような鍛錬の日々を通して、「実証ができて当たり前」とようやく世間様に申し上げられるレベルにまで底上げしてくださった――それが新田・百瀬両先生のゼミであった。

そしてこのころ、日本中世史学の世界では、前述した「四人組」の全盛期であった。

網野史学は「2倍」史学

第二章でも少々言及したが、ここであらためて「四人組」の功績について触れておこう。

四人組――網野善彦、石井進、笠松宏至、勝俣鎮夫という日本中世史学を牽引した先生方は、そう呼ばれた（実際のご当人たちは、四人組と呼ばれることをものすごく嫌がっていたのだが、かなり浸透している呼び方なので、本書ではその通称を使うことをご容赦いただきたい。むろん他意はありません)。

私からみたこれらの先生方は、それぞれ史料読みのプロでありながら、「史料から、どのような構想を展開していくか」という高い次元で勝負されていたと確信する。とりわけ「構想力」については網野先生のお力が際立っており、よく知られているように「網野史学」と呼ばれる独特の理論が構築される素地ともなった。

網野史学の業績――それは、かつて史料からは看過されていた中世における「漂泊民」の存在をつまびらかにしたほか、民俗学を援用した学際的な研究の数々である。

これは私の持論なのだが、網野史学というのは言い方を換えると「2倍」史学なのだと思う。たとえるならば数学において、プラスの世界とマイナスの世界が併存するような、あるいは実数と虚数が同時に存在するような、「量を一気に2倍に広げて見えてくる世界」だ。読み手が提案する目線や視座を取り入れることで、考え方や見えるものを2倍に増やせる史学だと思っている。

たとえば――一般にお百姓さんといえば「農作業する人、農民」が思い浮かぶが、網野先生は百姓を「農作業する人であり、かつ商人でもある」と定義する。まさに、人物に対する捉え方を2倍に増やす言葉である。実際、網野先生は「百姓は農民ではない」という秀逸なコピーを用いて、全国を講演されたものだ。

こうしたやさしい惹句によって、読み手の想像力はかき立てられる。では、百姓が農民「だけ」ではないのなら、いったい彼らは何者なのだろうか。さらなる、どんな役割を担っているのだろうか——。凝り固まった常識に、揺さぶりをかけてくれるひと言だ。

さらに思考を進めるのなら、なぜ一般には、百姓イコール農民と思わされがちなのだろうか、彼らの「商人」という側面は見過ごされがちなのだろうか、と考えはじめることができるだろう。まさにそこが網野史学の最大の魅力である。

網野善彦

網野先生の答えは次のとおりだ。農民は土地に縛られた定住の民なので、領主にとっては動向を捕捉しやすく、納税させやすい存在といえる。

一方の商人は、いうなれば漂泊の民である。さまざまな土地に移動しながら生活を営むため、領主からみれば税金を取り立てにくい存在なのだ。

税の取り立てやすさを主眼とするからこそ、

領主は民に「定住しなさい、農業に励みなさい」とつねづね推奨したのである。

こうした領主の姿勢は空想などではなく、記録や史料から如実であった。記録によれば民が「農民として」どのように税を納めたか、という点ばかりが強調されており、彼らの「商人として」の側面は捕捉を逃れ、史料としてほぼ残されていないのが実情である。

このように網野先生には「2倍」史学を地で行く逸話がごまんとある。

たとえば「武士団にも2種類ある」と言われたとき、何を思い浮かべるだろうか。ひとつは馬に乗って走り回る、ご存じ一般的な「陸の武士」である。もうひとつは船をつかさどる海の武士――そう、「海賊」だ、という具合なのだ。

こうした新鮮な切り口や構成力をあやつりながら、網野先生は歴史の世界を魅力的に、2倍にも増幅させて、鮮やかに示してくださったのである。

網野史学のプロデューサー

四人組の先生方について、いま少し述べておきたい。

比較研究の方法を用いて中世の法慣習を検証し、また『戦国時代論』を著した勝俣鎮夫先生は、論の構築に苦心していた私に対してこう話してくれたことがある。

「研究の組み立て方や史料の読み方に面白い方向性とつまらない方向性があるのならば、積極的に面白い方向へ舵を切りなさい」と。しかしそれを聞いた私は、解釈がふたつの方向に分かれるのであれば、パーセンテージで切り分けたいと考えた。たとえばつまらない方向が（リアルである）可能性の確率70パーセント、面白い方向が60パーセントだとするのなら、たとえつまらなかろうが、70パーセントの方に進むべきだと考えた。中身の質や面白さという主観ではなく、機械的で客観的に選択すべきと思うのが、私としての発想だった。そういうわけで、私は勝俣先生のおっしゃる言葉に首肯できずにいたものだ。はっきり言って、勝俣先生とは「合わなかった」のだと思う。積極的に教わりに行った記憶がほとんどない。

『日本中世法史論』を著した笠松宏至先生は、俗に「天才カサマツ」と呼ばれるほど強烈な個性をお持ちの方であった。中世法にかかわる非常に難解な論文を書かれているのだが、先生にしかできないような緻密な論理構築こそがまさに腕の見せどころで、私たち教え子の思い込みを、痛快に破壊してくれるような存在だった。

国文学者・折口信夫の説を引用した徳政令に関する論文が著名なのだが、正直私には歯も立たず読みこなせず、小泉恵子がいきいきと読むさまを驚きながら眺めたものだ。文章の巧拙を論じられるほどの先生で、私などは「論文に文章の上手い下手とは、文章力で誤魔化しているだけではないか」とまで思ったものだが、我ながら悔しまぎれとしか言いようがない。

このように才気の集合体として破格的な存在であったこれらの先生方は、私からすると、時には、やや、うさんくさい存在にも映った。彼らの主張には実証的な裏付けが少々足りないように見えることもあったからである。

特に構成力や惹句の力をお持ちの網野先生などは、肝心の実証はどこまで厳密なのだろうかと考えさせられるような一面をお持ちであった（余計なお世話かもしれないが）。

そんな不安を吹き飛ばすように活躍されたのが石井進先生である。東大日本史研究の大物教授であり、中世史研究の第一人者と呼ばれ、山川出版社の教科書に執筆して「定説を決める」ほどの権威をあえて活かした。網野先生の仕事を絶賛しながら、まるで太鼓をドンドンとたたくようなプロデュースに奔走されたのである。私から言わせれば、奔放な網野史学の手綱をしっかりと握りつつ、御者的な役割を果たしていたのが石井先生だったと思う。

放縦なイメージの強い網野善彦が教養のムーブメントを牽引し、彼の著作が広く読まれ、網野史学という一時代を築いたのも、ひとえに権威ある石井進との二人三脚があってこそだったと私は考えている。

気宇壮大なホラを吹け

東大の歴史研究というのは、「実証ができて当たり前」といわれてしまう世界である。ちなみに「史料を読む」という作業にも二通りの解釈がある。ひとつはそのまま、難解な文字を読みくだすという作業、ふたつめは、そこから深く考察する作業だ。

バラバラの史料の組み合わせを勘案しながら、いかに展開させていくのかというのは技量の問われる作業なのだが、この点において超一流と呼べるのが、網野史学のプロデューサーでもあった石井進先生であった。すでに述べたとおり私の恩師である。

実はこの石井先生、「史料を読む」一つめの作業として挙げた、崩し字を読んだり、複雑な儀式に満ちた貴族の日記を読みくだしたりするような、いわゆる実証そのものの行為を若干苦手にされていたのではないかと思う。

今にして思えば石井先生は、「とある貴族の儀式において右足と左足のどちらから始めるのかなんてことは些末なことだ、本当に重要なのはその先を考察することだろう」とお

考えだったのではないだろうか。だからこそ、ことあるごとに私たち学生にむかって、

「ホラを吹きなさい。大きなホラを吹く練習をしなさい」

と言われたのだろう。

だが、そのころの私は、新田先生や百瀬先生という、あらゆる史料に通暁し、難解な言語を駆使する先生方に深く傾倒していた。正直に言うと、そのころは石井先生のことを少々うさんくささえ感じていた。石井先生の言う「ホラを吹け」とは、実証の手順を大前提としながらも、「君たち、もっと気宇壮大なことを考えよう」という学問的な焚きつけだったのだとは思う。

しかし気宇壮大などめっそうもない、そんなことよりも厳密に科学的、実証的であろうと必死にちびちびとこだわっていた私には、石井先生のかけてくださった発破が、なんとなく面倒で、訝しく思えて仕方がなかったのである。

恨み節のようになってしまうのだが、なにしろ石井先生は、私たち院生にほとんど時間を割いてくれなかった。ひと言で言えば、我々はほったらかされたも同然だった。

私たち学生は、教育者の「教育を授けよう」いう態度や言葉を、もっとも欲していたそのときに、示してもらえなかった。母親の愛情に飢える子供のように、暗い部屋で毛布を

引きずる幼児のように、「なぜなんだ！」という思いを幾度も味わわされた。学部時代から仰ぎ見てきた私としては、「石井先生って、教育者としては零点だな」と思っていた。

教育者としては見事だが、研究者としてはいま一つの先生もいる。

研究者としては素晴らしくても、教育者としては疑問符がつく先生もいる。

残酷だが、それが現実だし、そもそもそれは歴史学に限った話ではない。

石井進先生は明らかに後者であった。

若くて青かった私は「百瀬先生であれば、どんな儀式もすらすらと読みくだせるのに」と、しばしば、とんでもないことを言って石井先生に突っかかってしまったものだ。石井先生の真骨頂である、考察の深さや鋭さに思いをいたしきれなかったことが悔やまれる。

石井先生と、そんな微妙な関係だったある日のことだった。

石井先生はふと私に向かってポツンと言った。

「……そんなに百瀬さんがいいかね？」

その言葉と微妙な空気を帯びた声色のことを、私は今も忘れることができずにいる。

畠山義就と毛利元就

石井先生と百瀬先生、二人の歴史学者が実は同じベクトルを有していたのでは？　と思わせる出来事に、「人名の読み方」というものがあった。

たとえば応仁の乱における西軍の主力として戦った畠山義就という人名の読み方である。かつては「はたけやまよしなり」と読んでいたのだが、百瀬先生が書いた論文のなかでは「はたけやまよしなり」とルビが振ってある。さらにそこには注がついており、『東寺文書』では平仮名で「ひろ」と書いてあるため、これは「なり」ではなくて「ひろ」と読む、と説明がなされている。百瀬先生の格好よさは、こうしたサラッとした筆さばきにもあった。現在我々は「よしひろ」と読むが、そこには百瀬先生の果たした功績がある。しかしご本人はいたってそれを誇らないので、さらに格好よく思えてしまう。

一方で、もしも石井先生に「俺はこれを見つけました！」などと宣言しようものなら、「くだらないですよ、そんなの」「どうでもいいことだよ、人の名前なんか」とばっさり切り捨てられることだろう。

ただ、せっかく実証型、ホラ吹き型の偉大なお二人から薫陶を受けた私は、さらにそこからこの「よしひろ」問題を少々発展させてみよう。たとえば毛利元就の「就」は本当に

「なり」と読んだのだろうか――というように、である。

私は『毛利家文書』を調べた。ここに「もとなり」と平仮名が振ってあるのならば間違いない。するとなんと、「もと就」と記されている。おまけに「なり」自体を平仮名で書いた記録は見つからない。どうしたらいいかと悩んだあげく、毛利家に関する、後世の記録を調べてみればよいと考えた。

すると江戸時代の毛利家の殿様に「毛利重就」という名が存在した。ひと文字目の読みは、うまい具合に「しげ」だと分かる。この殿様は、9代将軍・徳川家重の字をもらっているからだ。しかし、ふた文字目は「たか」と読んでいるのだ。もしもここで「なり」と読むのであれば、ご先祖にあたる元就は「もとなり」で正解となったのだが、そうではないようだ。

そこで私があらたに注目したのは、11代のオットセイ将軍、50人の女性に50人の子供を産ませたと言われている徳川家斉の名の読み方である。この人が「いえなり」と発音するために、「しげなり」という読みを後年になって変えたのだ、ということらしい。

ここにはひとつ補足が必要だろう。室町時代以降、後から登場してきた格上の人間と格下の人間の名前の読みがかぶった場合、畏れ多いという理由で格下側が読みを変える、という習慣があった。つまり、元就は「もとなり」で正解なのだ、と分かる。

実証とホラのハイブリッド

名前についてもう一例、織田信長の次男、信雄の「雄」の読み方という事例を挙げてみたい。この信雄という名前には「のぶかつ」という読みを当てることが通例化しているのだが、いささか風変わりにも思えるため気になっていた。

すると、織田信雄に仕える家老であった、現在の三重県菰野町にあった菰野藩城主・土方《ひじかた》氏の男子が代々、「雄」の文字を用いていたことが目に留まった。調べると、初代は雄久で代々「雄」を用い、明治時代には雄志と書いて「かつゆき」と読む子爵がいたようだ。

「雄」の字は江戸時代からの通字であることからも、雄の字は昔より代々「かつ」と読んできただろうと推測できる。また、漢字の由来としては織田信雄からもらったのだろうことも、当時似た慣わしがあったことからも推測される。これら推測二点によって、織田信雄を「のぶかつ」と読むことがリーズナブルで妥当となる。

もっとメジャーな事例を出してみよう。「雄」の読み方問題についてはもう一人、有名な人物がいる。播州赤穂藩、浅野家の筆頭家老、大石内蔵助その人である。

大石内蔵助の諱《いみな》は良雄と書いて、現在では「よしお」と読むのが通例となっている。しかし先述した織田信雄のように、江戸時代では「雄」を「かつ」と読むのが常識だったとするのなら、大石内蔵助の諱も、実際には「よしかつ」と読むべきなのかもしれないと推量できる。大いに気になり私としても調べてみたのだが、良雄の正式な読みについて断定できる史料は、現段階では見つかっていない。

こうした逸話がいくつも頭に入っていると、「閃きの繋がり」を生むことができる。私は、「閃き」を明晰化できる素材を、実証と呼ぶべきだと思う。それほどまでに実証というのは奥が深いものなのだ。

毛利元就を本当に「もとなり」と読んだのかどうか、自分で調べていく姿勢こそが、一段先の実証を生む。本当に「もとなり」と読まれたのかどうか、先ほどの毛利重就という人を引いたうえで「ほら、証拠はここにあるよ」と示すことで、さらなる実証を積み上げていく。このように細かく確かな段階を踏んで、実証というものを複合させていくことが肝要だと考える。

しかしながら実証にばかりこだわっても度が過ぎてしまう、その度合いが難しい。

そんなとき、私は石井先生が言ったように「ホラを吹く」ということを考える。しっかり調べて調べつくしたあと、自分ならばどうやってホラを吹こうか――いうなれば、実証とホラのハイブリッドを行うことで、思索はさらに深まっていくのである。

それって「ダブスタ」じゃない？

ついつい石井先生に対して辛辣な物言いをしてしまったが、先生を批判したり貶めたりしたいわけではない。当時はいろいろ衝突したこともあるが、それでもはるかに仰ぎ見ていた偉大な方であった。

石井先生の思い出にはもう一つ、石井ゼミで扱った『雑筆要集』という史料にまつわるものがある。『雑筆要集』は鎌倉初期に著された編者不詳の文令集なのだが、この史料には、鎌倉時代の宗教、律宗について書かれた箇所がある。

現代の私たちにはあまりなじみがなくなった律宗とは、戒律の遵守を強調した仏教の一宗派で、日本では鑑真が伝来させたと言われており、慈善事業なども積極的に行った。ちなみに南北朝や室町幕府初期には「禅律方《ぜんりつかた》」という役所が存在したことからも、室町時代に権勢を誇った禅宗とこの律宗が、幕府からはきわめて重要視されていたと思われる。

西大寺に拠点を置いた叡尊《えいそん》、鎌倉に拠点を移した忍性《にんしょう》を中心とした宗教だが、この律宗系列の寺院をマッピングして点と点を繋いでいくと、瀬戸内海の沿岸部に集中していたことから、交易と意味深な形で結びつく、という事実に私は気付いた。

こうして私は、瀬戸内に勢力を伸ばした律宗とは、「殺生禁断」、すなわちその区域における殺生を禁ずるという概念を巧みに操りながら土地の囲い込みを行い、道の整備や架橋といったインフラ整備に注力することで信者の獲得と流通網の掌握につとめた、幕府の上部とも繋がる土木集団だったのではないか――という趣旨の発表をゼミで行った。律宗の殺生禁断というイデオロギーには、宗教の戒律という「表向き」の面と、インフラ整備や土地の獲得を目的とし、お上と通ずる手段ともなる「裏向き」の面があったのでは、と私は考えたのである。

さらに私は、調べを進めるうえで気付いたことがもう一点あった。戦争で焼けてしまった和歌山の松生院《しょうじょういん》という寺の本堂の建築様式が、瀬戸内海の律宗拠点の様式と似通っていたのだ。現存する建造物としてはほかに、広島県福山市の草戸《くさど》千軒《せんげん》という中世都市遺跡前の明王院《みょうおういん》などがあるのだが、この松生院の当時の写真を見ると、みごとにその建築様式を復元できるのだ。

こうした建築様式の広がりはそのまま律宗布教の広がりではないかと気付いたため、例によって「大発見だ！」と意気込んで発表をした私なのだが、どうやら石井先生も建築様式やイデオロギーの裏表にまでは調べが及ばなかったようで、そのときはやたらと叱責されてしまった。

「そんな些事を調べても意味がない！」

先生の伝家の宝刀でもあるこの言葉が飛び出した。ものすごい剣幕であった。

え、これこそ先生が言うホラじゃないの？

そんな言葉が胸のあたりまでぐっと出てきたが、懸命に飲み込んだ。そして、少しだけ大人になっていた私は、「あ、これは論文にしてはいけないのか」と一瞬にして空気を読み、この話を封印することにした。以来、今日にいたるまで、この発表は論文化せずに至っている。

ただ……やはり言わせてもらうならば、これは石井先生のダブルスタンダード（二重基準）ではないかと思う。さんざん「ホラを吹け、大風呂敷を広げろ」とたきつけておきながら、いざホラを吹いてみると「些事だから意味がない」って何よ……これはこれで気宇壮大な「ホラ」ではないかと私などは思うのだが。

もっとも、私も懲りない性分である。

そのゼミが終わったあと、私は先生をつかまえて、性懲りもなく再び自分の新たな仮説を披露した。

「『雑筆要集』は、北条の出先機関である六波羅探題の周辺、和歌山の湯浅（鎌倉時代に味噌から醤油を初めて製造した土地）で作られたものではありませんか」

根拠はこうだ。有力な御家人である湯浅の人間が六波羅探題に勤めていたため、『雑筆要集』には湯浅関連の文書がいくつか載っていた。それらをもとに検証し類推していくと、何人もの六波羅探題を出した北条氏の極楽寺家に集まった文書が、大もとになったのではないか、というのが私の仮説であった。

すると先生は、さっきとはうってかわってパッと破顔一笑し、「うん、僕もそう思うよ」と言ってくださった。石井先生は、ご自身と同じ地点でモノを見つけた人に対して、すごくいい笑顔をしてくれるところがあった。

そんなところが、なんとも魅力的な石井先生ではあった。

人生最悪の遅刻

そして修士課程のフィナーレとすべき2年目が訪れた。生まれてこのかた宗教や仏教とは何か、ということをずっと考えてきた私は、卒業論文では真言宗について書いたので、来る修士論文では天台宗について書こうと心に決め、準備を進めていた。

ある日のこと、醍醐寺の寺院組織についての論文を必死にコピーしていたところを通りかかった石井先生が、いつも通りニコニコしながら「や、本郷君、なんの論文をコピーしているんでしょうか」と尋ねてきた。もちろん私は姿勢よく、「はい、醍醐寺の……」と、手にした論文をお見せすると、先生はニコニコの口調をいっさい変えずに「最近その手の論文が多いねえ。僕はそういう論文のどこが面白いのか、さっぱり分からないんだよ(ニッコリ)」と、それだけを言い残して行ってしまった。

こちらは突如、真っ青である。ここまで直球に「おまえが興味をもっているものはつまらないよ」と言われたのなら、急転直下、すべてやり直さねばいけないと思った。そこで考え直して再構想し、書きあげたのが「朝廷の構造分析」という修士論文であった。

このテーマというのも、空気を読んだ結果である。涙ぐましい話だが、政治史にまつわる論文であれば、石井先生もさぞかし喜んで読んでくれるだろうと思ったのだ。もっとも前述したとおり、石井先生は40歳のころに政治史を止めてしまわれたので、これは院生の、浅はかな思いこみだったのだが。おまけに、後日、別の先生から聞いたところによれば、石井先生は「本郷君は、前にやっていた宗教的な論文のほうがまだマシだったねえ」とニコニコと言っていたという。

石井先生にとってのコピー室でのやりとりは、院生とのちょっとしたコミュニケーションのつもりだったのだろう。しかし若輩のこちらからすれば、天下の石井先生の言葉である。おっしゃるひと言ずつにものすごく意味があるのだと考えすぎて、右往左往させられたということだ。

しかも、ここで私は人生最悪の遅刻まで経験することになった。

書きあげた修論は、実際には〆切よりだいぶ早くに仕上がっていたため、その後の2ヵ月を、私はブラブラと過ごしていた。もとより博士課程に進む気持ちでいたが、東大ではテストを受けずに内部進学できる優しいシステムが存在していたためでもある。

厳しい受験勉強を必要としない進学前とあって、「どれ、下々の者たちはちゃんと修論を出せたのかなあ」などと学内を悠長にふらついていた、クリスマスイブ当日のこと。同期の天才・大津が、呑気そうに研究室にやって来た私を見て言った。

「本郷、おまえ、『受験願』書いたか」

私は頭が真っ白になった。忘れていた。もちろん、書いていない……。そう答えると大津はさっと顔色を変え、「急げ！　今日、事務室に出さないと博士課程に上がれないぞ」と注意してくれるではないか（いや、大津という男は、実に友達思いのイイ奴なのだ）。

慌てて駆け出した私は、つんのめるようにして事務室に入った。息せき切って書類を出すと、事務の男性はちらりと顔を上げて「はい、15分過ぎたからダメ！　もう1年頑張ってね」と言い放ったのである。

取り付く島もないとはこのことだった。まこと自分のせいだと分かって悔いても、どれだけ言い訳しようとも、期限の切れた書類を受け付けてはもらえなかった（なお後年、入試の監督をしていたときに、経済学部事務室のエラい人になったこの男性と再会した。私はしれっと彼に話しかけ、名前と住所の情報をゲットしたのであった）。

私はすぐに、1学年下にいた、のちに東大大学院法学政治学研究科の教授となる新田一郎、超域文化科学専攻の教授となる桜井英治、そして小泉恵子の3人に「すまん」と謝った。私が次年度、博士課程への進学を希望する場合、この3人プラス私という大人数で受験することになる。当時は4人が一斉合格するという事態が考えにくく、望まぬ競争が発生してしまう。だから謝るしかなかったのだ（結局4人とも受かったが）。

さっさと修論を書き終わり、悠長に過ごしていた自分を呪った。とくに事務の人物のことは後年まで呪った。だが、どうしようもなかった。

24歳、私は生まれて初めての浪人を経験したのだった。

撃沈

所属するものがない――生まれて初めての浪人生活は堪《こた》えた。

焦りに焦ったあげく、私がとった行動は「小泉に交際を申し込む」という、いまから思えば自分でもよくわからないものだった。当時の私は「真っ当な彼女とおつきあいすれば、モラトリアムな院生という不安定な身分を隠蔽できる」と、真面目にのぼせ上がったのである。

朋友状態から関係を少しだけ変えることに成功した彼女とは、文化的なデートを重ねた。

ある日、オペラをともに鑑賞した帰り道、自分が思ったことなどを含め、私が喫茶店で喋りまくっていると、カップを置いた彼女がぽつりと言った。

「あなたって、ライナーノーツみたいな人ね」

……返す言葉がなかった。

私は彼女と対等な関係を望んでいたのだが、彼女は優秀で、なかなかそのような関係にはなれない。さらに考え悩んだ末に、私は突如ダイヤモンドの指輪を購入し、自信満々に彼女に差し出して結婚を迫った。桶狭間の戦いのように突然の奇襲だったので、彼女は文字通り「ええっ」とのけぞり、そして断ったのであった。撃沈である。

なお、私はめげることなく、この数年後に新しいダイヤの指輪でプロポーズをやり直すことになる(最初の指輪は「そんなケチのついたダイヤなんて嫌」と彼女に言われたため、改めて買いに行かされた。ちなみに、初号機の指輪は彼女がファッションリングに作り替え、ちゃんと大事に保管しているので一安心)。

1年間の留年を含む3年で修士課程を修了した私は、1986年に博士課程に進んだが、2年後の1988年に単位取得退学の形で東大史料編纂所へ入所を果たす。

生涯無用者で生き続けようと思っていた、そんな自分がなぜ社会人になったのかといえば、朋友にして同級生の小泉恵子が博士課程1年目で「入所試験を受ける」と言い出したのが発端だった。

史料編纂所の入所試験というのは、一次が筆記、二次が論文審査と口頭試問、求人倍率およそ30倍から50倍という高倍率をくぐり抜けねばならない、なかなかに厳しいものだ。在籍する先生方が定年などを迎えぬ限り、新しい公募が発生しないなどといった運的な要素もある。

その難関を小泉が受けると言い出した。私は正直なところ、彼女のチャレンジをまったく歓迎していなかった。

「下手に合格されたら大学院の貴重なゼミ仲間が減っちゃうじゃん」というのが本心であった。あるときそれを口に出してしまうと、彼女はこんこんと説教モードに切り替わった。

「あなたは自分で食べていく、ということをまったく考えていないでしょう」

ズバリその通りである。

「私は先にきっちり社会人になりますからね」

彼女は高らかにそう宣言し、有言実行、一足お先にテストに合格して、史料編纂所に入所してしまった。超難関もなんのその。彼女の論文を読んで面接に現れたI先生とR先生は、開口一番「おそれいりました」と彼女に頭を下げたというから驚きである。それからの1年というのは、まこと耳の痛いものであった。彼女はことあるごとに「私は社会人よ、まあ、あなたは学生だけどね」とちくちく刺してきた。

無用者とうそぶく自分にもこれは堪えた。在原業平の時代ならばともかく、資本主義が幅を利かせるこの現代社会において「無用者」って通用するんだろうか、と急に不安になった。たしかにマズい。そろそろどうにかしなければ。遅まきながら本気で焦った。

史料編纂所の試験

人生とは節々で運に左右されるものである。

小泉恵子が編纂所に入所した翌年、再び編纂所の公募がかかった。しかも募集人員は2名。まさに運命としか言いようがなかった（少なくとも当時の私はそう考えた）。

この機会を逃せば、自分は小泉恵子にとっても無用者になってしまうかもしれない。私は試験を受ける決意を固めた。

史料編纂所の採用試験とは、正式には「助手の採用試験」だ。現在の公募要領には「史学（または史学に関わる分野）を専攻し、修士課程を修了した者」とあるが、かつてはレアケースとして、修士修了と同レベルの学力を持つ学士の入所も認められていた。採用が決まれば、よほどのヘマをしないかぎりは、ずっと東大の中にいて教授まで進めるシステムである。あまり知られていないが、東大の助手（助教）に採用されても、そのあとは必ず一度は他大に行き、そこでしっかりと成果を挙げた者が東大に呼び戻される、という流れになっている。ずっと東大勤めのまま過ごすことができるのは、文系では法学部のエリートと、なぜか史料編纂所のみに認められている。

話を戻すと、史料編纂所の試験というのは、筆記による一次試験、論文審査および口頭試問の二次試験が用意されている。

一次試験は歴史の文書や史料について「どう読むべきか」「何が読み取れるのか」と問うものが多い。崩し字などではなく普通の活字で出題される。

たとえば裁判記録の史料が問題文の場合、「史料に登場するA氏とB氏はどのような関係にあるか」「勝訴したのはどちらか」などを答えさせ、根拠となる文言を探し出して記す、といった形である。根本的な国語力・読解力を問うものであり、ハッタリがきかない。子どもの頃からいかに読書をして、文章を読みこなす力を蓄えてきたかという地道な点が重要となるので、複数回受験しても、一次試験については結果がさほど変わらない。

二次試験は、基本的には修士論文を持ち込んでの論文審査および口頭試問だが、一般的な「就職試験」の要素が出てくる。要は「この人と一緒に働きたいか」という点を加味して審査がなされる傾向にある。提出した論文の完成度も重要なのだが、ある意味、それ以上に人間性が問われるという、まことに人間味溢れる試験である。

いざ、採用担当の側に立ってみると、一次試験は学力ありきで採点結果がパッと一覧表で配られることもあり、非常に公平公正で良い試験だと感じる。一方、二次試験は、口頭試問ののちに採用担当が集まって誰が〝優れているか〟を話し合う。どの企業や組織にもある話だろうが、「誰が誰を評価したか」が明らかにわかってしまうため、いろいろな意味で難しいところがある。

ともあれ、こうして小泉に遅れること1年、私は博士課程2年で大学院を単位取得退学し、史料編纂所に入所、社会人としての修業時代をスタートさせることになる。ちなみに、もしも私が修士をダブることなく、博士課程に3年間在籍し、それから編纂所に入所していたのであれば、規則により基本給が1万円プラスされていた、ということを悔し紛れに申し上げておく。セコいなどと笑うなかれ。塵も積もれば山となる。三十余年の給料はもとより、基本給を基に計算される退職金にまで大きな影響を及ぼすのだ。

やはり、なるべくなら留年などしないほうがいい、という心からのアドバイスである。

皇国史観vs.実証主義の死闘

東京大学を知らない読者はおそらくいないと思うが、東大史料編纂所を知らない読者はたくさんいるのではないかと思う。そこで、無用者を決め込んでいた私が就職することになったこの組織について、あらためて簡単に触れておこう。

前述のとおり、史料編纂所の前身は、江戸時代の国学者で『群書類従』で有名な塙保己一が創設した和学講談所だ。国史・古典などの文献調査や史料の編纂を行っていた。１８８８（明治21）年に帝国大学（後の東京大学）に吸収され、明治天皇からの勅令として、日本の歴史の精査を使命とし、業務を行う機関として新たに発足した。本書の冒頭で紹介した『大日本史料』の刊行は１９０１（明治34）年から現在まで続けられている。現在の名称となったのは１９２９（昭和４）年である。

帝大に移管されるまでは、明治政府直営の歴史編纂所として「修史局」「修史館」などとたびたび名称を変えていたが、ここで強調しておきたいのは、この時にも「物語」か「実証」かで大きな論争が起こっている、という点だ。

ざっくり言うと、この組織を運用していくにあたり、そもそも「日本の歴史」をどう捉えるかという点で当時の大先生（漢学者）お二方が論を交えた。

一方の大先生は、ひたすら実証一本鎗に打ち込まれた重野安繹《しげのやすつぐ》。もう一方が、皇国史観の素地をつくった川田剛（川田甕江《かわだおうこう》）。この重野と川田の間で激しい論争が起きたのである。

この論争が起こった明治初期当時には、古文書をベースに日本の歴史をしっかり考えるという歴史学の基礎がなかった。そこで重野はあらためて古文書、貴族や僧侶が記した古い日記類など精査したうえで、本当の日本の歴史を紡ごうと考えた。同時に、重野は『太平記』や『平家物語』は〝物語〟であるとみなし、物語に書かれた記述は歴史学の対象から外すと明言した。

一方の川田は、物語を重要視した。たとえば『太平記』に出てくる「桜井の駅の別れ」という名場面――戦死を覚悟した楠木正成が幼い息子に親孝行と後醍醐天皇への奉仕を説いて別離するシーン――などを挙げて、「これを認めなければ、日本人の精神が死ぬ。これらを取り入れた形で学問を進めなくてはならない」と断言した。

実証一本鎗の重野は、「実際にそのような場面があったという確証がない以上、学問の対象として認めるわけにはいかない」と突っぱねる。

結局勝利したのは実証史学を重んじる重野の側であった。重野は後に東大教授に就任、史料編纂所、文学部国史学科、そして学術団体の史学会を創設するなど活躍する。一方、敗れた川田も官を辞したものの、國學院大學の基となる、史料編纂所と並ぶ組織の皇典講究所という研究所を創設することになる。

こうして東大史料編纂所は伝統的に実証主義一筋の道を進むことになった。途中で、皇国史観のドンである平泉澄先生が「(史料編纂所は)調べるばかりで考えることを放棄している」と批判、日本の神話を歴史学に取り込んだりする時期もあった。平泉の言葉として有名な「豚に歴史はありますか?」は前述したが、もう一つ有名な言葉がある。次のようなものだ。

「日本の神話の話をすると、そこにどんな証拠があるのかと問うてくる人間がいる。しかし我々は日本人なのだから、信じることから始めなければいけない」

「日本人ならば信じろ」と言われても、私などは「信じることと考えることは違いますよね?」と冷静に切り返したくなるのだが、ともあれ、日本の歴史学の歴史をひもとけば、このように「歴史」というものが、時の歴史家の意向によって大きく姿を変えてしまうこと、さらに世相や時局や当時の政府の見解によってもはなはだ流されやすいことなどは、知っておいて損はないと思う。

……しかし、史料編纂所に入所した当時の私には、そんなことを考える暇もないほど、忙殺される日々が待っていたのだった。

修業時代とブラック寺院

「修業しろ」

これが新人の私に、同室の先輩がくれた言葉のほぼすべてだった。

私はのっけから途方にくれた。なにしろ当時の史料編纂所には、所員マニュアルや新人向けのトリセツみたいなものがいっさいなかった。新人は先輩と二人1組になって、ひたすら実体験を積んでいく。いわゆるバディ方式である。

私と組んでくださったのは、人格者であり尊敬できる先輩であったが、「オレの背中を見て盗め」という職人気質な方で、しかも自らは緻密な仕事にどこまでも没頭するタイプだった。つまり、私はいつまでたっても何をどうしろといっさい教えてもらえないままだった。これは大変な場所に就職してしまった、と孤独にじっとり汗をかいた。

たまたま配属されたのが、全国の寺社仏閣が収蔵する古文書や手紙などの調査を主とした、非常に出張の多い部署だった。カメラを担いで全国行脚を繰り返すのだが、この部署には、「日本中の寺に自分から手紙を送り、飛び込み営業をしなければならない」という先輩からの厳しい教えがあった。この「手紙をしたためる」という作業がまた大変であった。ワープロ書きなどもってのほか、必ずや真心を込めた手書きでお伺いを立てるべし、と厳しく指導されてしまった。私は正直なところ、ナンセンスな作業だと胸中では疑念を感じつつも、いやいや自分はまだ修業の身であるとかぶりを振り、手つきこそは拝啓敬具とこまやかに、膨大な量の手紙を書いては送り続けたのである。

寺というのはなぜか格式張っているところが多い（もちろん丁寧に対応してくださるお寺さんもあるのだが……）。これだけ丁寧な所作を心がけてお伺いを立てても、つれない返事を繰り返されるなど、腹の立つことは間々あった。いくら頼みこんだところで古文書類を見せてくれない塩対応な寺院も往々にして存在した。

たとえば――名前は出せないが、某地方の大寺院が収蔵している過去の天皇のサイン、つまり花押を見せていただこうと手を尽くしたことがあった。偶然にも私の係累が寺院の人間と同窓生という関係が判明し、これは渡りに船だと交渉を依頼したのだが、結果は芳しくなかった。困りはてた私は菓子折りを持って直談判に及んだが、やはり許可が出ない（ちなみに菓子折りは受け取った）。痺れを切らした私が編纂所に戻って先輩に知恵を乞うと、どうやら「どうしても見せてもらえない」ケースがその近隣の寺院にもあったという。そしてこんな怖い話をしてくれた。

その先輩氏は寺院がダメなら檀家総代に当たろう、と戦略を変更し、なぜ見せていただけないのか総代の方に理由を尋ねた。すると総代は人払いをして声を潜め、「なんでも、寺がブラックマーケットと通じていたらしい」とおっしゃるではないか。しかも「その行方は知らない方が、あなたのためだ」などと恐ろしげな念押しまでされる始末であったという。

マーケット自体がブラックなだけでなく、寺院もなかなかにブラックな場合がある……という笑うに笑えない話である。

「日本の宝」の流出を憂う

そんなこんなで、寺院の収蔵品を見せていただく交渉は、時機を見ることも大切である。かたくなに閲覧許可がおりない場合、そして、ご不幸にも当主が亡くなったのちには、お気持ちが変わったのではと、あらためて手紙をしたためることもある。

ところがである。この時にも私は驚くような経験をした。

先述したのとは別の、閲覧不許可で有名なある寺院が代替わりをした。私はお悔やみとともに手紙を書いた。「本当に重要な三通の古文書だけでいいので何とか拝見できませんでしょうか」といった内容の手紙を送ったのである。すると――。

「実はつい最近、泥棒に入られてしまいまして、たまたま貴方がご覧になりたいという古文書三通だけが盗まれてしまったのです」という返信が届いたのである。

あまたある収蔵品の中で、よりによって、古文書的に一番価値のある三通「だけ」が盗難に遭ったとは、なんとも目の利く泥棒がいたものである。

落語のようだが実話だ。

半分冗談めかした書き方になってしまったが、まことにこれは由々しき事態で、昨今などは国宝を含む重要文化財の仏像などが国外に持ち出されてしまうケースがある。我が国には文化財保護法があり、たとえば重要文化財の所有者が変わる際には文化庁に届けを出す必要があるなど、一定のルールはあるのだが、巧みなマッチポンプを用意されれば、ほぼ野放し状態とも言える。「日本の宝」の流出危機には、よりいっそうの法的な整備が必要ではないかと今も思う。

昔追い出した人が、就職先の先輩だった件

新人時代の私が、史料編纂所において「不要だな」と思ったものに、徹底した「自治」の精神とそれが遠因と思われる一連の実務作業があった。

「自治？　大いに結構じゃないか」と思われる方もまあ聞いてほしい。

当時の史料編纂所には、かつて学生運動に深く関わっていた所員が少なくなかった。そのせいか、組織の細部という細部にいたるまで委員会を組織して所員による自治にこだわる雰囲気があった。結果として「どんな本を買うか」といった、通常ならば司書などプロに外部委託するようなことまで編纂所の所員が背負わされることになり、単純に作業が多かった。

批判を覚悟でもう一つ言うならば、当時は「知識人は『左』でなければならない」というある種のムードが、研究室の総体を支配していたように思う。私自身は誰が右でも左でもとくだん構わないし、もちろん各人の政治や思想信条の自由は担保されるべきと思うものの、それを学問の世界に持ち込むのは違うと考えていた。

実は私は、大学院生時代に、「ゼミで政治的な運動をする方は出て行ってください」と追い出しを行ったことがあった。そういう方がけっこういたからであり、「学生運動はよそでやってくれ。ここは勉強する場所だ」という明確な意思表示だった。研究と政治思想の切り離しにおいて私の労は若干ながら現在に影響を与えているのではと思う。実際、それまではしばしばゼミや研究室がオルグの場所になっていたりしたのだが、私の代からは平穏であった。

さて、そんな私が就職したのが、まさに「追い出したはずの『左』の方々」がずらりと待ち構える史料編纂所であった。

見知った顔を眺めて蒼ざめたのは言うまでもない。先述した入所試験の二次審査で、もしもこれらの先輩方が試験官であったら、即ハネられる可能性もあったのだ（幸いにも彼らはまだ助手であり、審査に加わる立場になかったことで難を逃れた）。

ヤバい。やっぱりオレは出世とは無縁な社会人生活を送るのだろうか——当時はそう思ったし、実際、昇進するには苦労をした。「ゴマをするなら先生ではなく先輩だ」と痛感したのであった。

「ふつうじゃない」大学の先生になる

こうした右往左往の毎日で、私は史料編纂所所員としての修業を重ねた。その日々は、大学院生の時代に慣れ親しんできた「研究」の世界とは、まるで違う形を帯びていた。いまだにこの勤めが、自分にとって必要なことだったのかは分からない。「ふつうの大学の先生」になるのなら、そんなことをする必要などなかったのだから。

耳にタコができるほど多くの東大関係者から聞かされ続けた話がある。「大学の先生になってみたら、講義が週に5コマも6コマもあって大変だ、大変だ」という悲鳴である。

ウソをつけ、簡単だろうそんなものは、と思う。

そのころ私は史料編纂所のルーティンワークに追加して、他大学の非常勤講師を務め、そのうえで東大の授業を数コマ、というペースを保っていた。多忙を極める理系の先生は別格である。これは強く言わないといけない。だが、伝統的な人文系の先生はわりと怠け者が多いということを、もはやバラしてしまいたいと思う。しかも我々の教え子は頭脳明晰な東大生たちなので、はっきり言って教えるのもラクなのだ。

もちろん、教育者のなかにも熱意を込めて1コマごとに素晴らしい授業を展開される尊敬すべき先生はいらっしゃる。しかしながら、「ノートを1冊作ったら、あとは毎年それを使うだけ」という先生もいらっしゃるのだ。

東大ではないが、ちょっと酷すぎる……という例も出してしまおう。

ある日、電車でたまたま乗り合わせた、見知らぬ学生二人組の会話である。

「おお久しぶり、ずいぶん分厚い本持ってるね」

「これな、俺の先生が書いた本なんだよ」

「おまえ、その授業のことそんなに好きなの？」

「違うんだよ、先生の書いた本、買ってないとテスト受けられないんだよ」

……ああ、よくある、先生からの押し売りだな、と、私は思った。そんなものは、先輩から後輩に売り払って毎年廻していけばいいではないか。だが、違った。

「でもあれだろ、一回テスト終わって単位取ったら、後輩に売っちまえばいいんだろ？」

「それがダメなんだって。本のカバー裏に印刷されたマークを切りとって、テスト用紙に貼らないと単位をくれないんだよ」

私は耳を疑った。新品ピカピカの分厚い本が、私には1万円札に化けて見えた。どこの大学だか知らないが、マンモス校の「教科書」であれば、重版に次ぐ重版となり、まさにドル箱だろう。すごい商売を考えたものだなと、あきれ果てた次第である。

そんな話は極端な例とはいえ、ふつうの「大学の先生」というのは本当にラクな稼業だとつくづく思う。教えることと自分の研究、この2本に絞っていればいい。しかし自分は史料編纂所の所員になることを選んだので、2本にプラスして研究とはまるで違う系統の仕事もこなさなければならない。

現在の自分の状況を考えると、もしかすると不要な経験だったのだろうか、と遠い気持ちになったりもする。もう遅いけど。

第四章　歴史学者になるということ

歴史学には課題が多い。だからこそ大きな可能性があるのだ――

史料編纂所時代・そして新たな道へ

結婚という名の……

1990年——私が30歳のときのことだった。学部、院生、史料編纂所というほとんどの時間を切磋琢磨してきた仲間のひとり、小泉恵子と結婚をした。志を同じくする「同志」であり、学問の良き相談相手でもあった女性が、文字どおり起居を共にする「妻」となったのである。なにごとにつけ先を行く女性を妻にできて、私たちはようやく対等な関係になれたと思った。

結婚直後までは——。

新婚まもないある日の夕暮れ、ひと風呂浴びたあと、鼻歌まじりで居間で美術全集などを眺めながらくつろいでいると、

「何を優雅なことをやってんの。夕飯の支度を手伝いなさい」

と叱られた。もちろんそれだけではない。私の生活は四六時中監視の対象となり、まもなく矯正の対象となった。以後三十余年——現在に至るまで、愚かな私は妻の指導を受け続けている……。

妻と私との力関係は今日に至るまで変わっていない。彼女が史料編纂所、つまり私が勤

める組織のトップに就任してからはなおさら強化されているのが実情だ。

最近の話になってしまうが、史料編纂所に勤める女性が結婚することになり、我が妻のもとに報告に訪れた。その女性は優秀で熱心な研究者であり、子供が生まれた後も仕事を積極的に続けたいと考えていた。そこで、彼女は、子育ての経験を持つ我が妻にこう尋ねたという。

「あの……子供というのはいつごろまで手がかかるものなのでしょうか」

妻は嘆息しながらこう答えたそうだ。

「……大人になっても、ずーっと手がかかるわ」

それを聞いても何も言い返せない私であった。


いつしか、私は妻とのこの関係を話のネタにするようになった。仕事柄、講演などを行うこともあるが、歴史関係の話の合間に、息抜きとしてこうした妻ネタを披露すると場が盛り上がる。最近の鉄板ネタは以下のようなものである。

〈いやー、私は学会などで「テレビなんぞに出る研究者などロクなものではない」なんてケチをつけられてしまいます。それで私もちょっと考えてみたんです。

テレビというのは、アカデミアとはまったく違う価値観で動いているわけで、それじゃあテレビによく出る研究者って、どんな理由で出てるんでしょう?

実は共通点があるんです。

一つ目は、大学など、職場に居場所がない人たち。

二つ目は、学問ができなくなって学会に居場所がない人たち。

それでは、なぜ本郷はテレビに出ているのか、と訝しがられる皆さんにお伝えしたい。皆さんご承知のように、私はとても人柄が良いので職場に居場所はある。

次々に新しい学説を出すのでもちろん学会にも居場所がある。

では、どこに居場所がないのかと言えば、私は家庭内に居場所がない(爆笑)。

どうして家庭内に居場所がないのかというと、妻が上司だからである。

妻が私の職場のトップになってしまったことで最近私は職場の居場所も失いつつあるんですけどね〈大爆笑〉

念のため、だが、あくまでジョークである。本気にしないように。

では、余談はこれぐらいにして、本題に入っていこう。

私は認められたかった

ともあれ、無用者を装っていた私にも家族ができた。すると当然ながら、社会人としての苦労だけではなく、生活人としての苦労というものも経験することになる。子供が生まれ、家事や育児をシェアしながら史料編纂所に勤めるという生活のなか、私は次第になにか目標・目的のようなものが持ちたくなった。

ようやく私は、博士論文を書こうと決意するに至ったのだった。

いまでも私はその論文のことを素晴らしい出来だと自慢してしまうのだが、なぜか周りは評価してくれない。そのうち、なんとなく理由が分かってきた。

だいたいにおいて研究者というのは、自分が分からないことを認めないふしがある。「答え」がハッキリしている自然科学と違い、人文科学の世界においてはことにそうだ。

これはよく妻が使う言葉なのだが、「サステナビリティ（持続可能性）は、答えを出してはいけないもの」なのだ。何かの問いに正解を出すと、そこで問いはおしまいになってしまう。正解を出すことが求められるのならそれでよい——はずなのに、「あれはどうだろう、これという考え方はどうだろう」と、関係者や専門家がみんなで集まって未来永劫考え続けるのが学問のサステナビリティ——というわけだ。こと歴史学界隈においては研究内容より、人脈や交友関係の広さで地位を保つ方がおられるが、それも道理である。仲良しが多いことは、研究者にとってセーフティネットのようなものなのだから。

非常に意地悪な物言いかもしれないが、学問のサステナビリティが機能しているエコシステムにおいては、「正解を言う人間」がある意味では邪魔な存在になるのだろう。その点、妻にも私にもそうした構造がピタリと当てはまるような経験が何度かあった。そして、私は、ワイワイガヤガヤできる友人というものを歴史学界隈に作ってこなかった。

それまで私は、素晴らしいものを書けば、みんなが認めてくれる、と思い込んで学問に没頭してきた。しかし現実は違った。学者世界とは、そんなに甘いものではなかったのだ。

たしかに学問というのは、友だちが必要な要素を多く抱えている。おのおのが考えたこと、書いたものをお互いに褒め合うという、喜びを原動力にしないと進みづらい。たとえひとりでコツコツとずば抜けた研究をしたところで、友だちが少なければ周囲から負の感情や嫉妬を投げつけられ、足の引っ張り合いという負の連鎖に陥るリスクも格段に増える。

正直に言ってしまおう。

私は認められたかった。

認められるためには、一等賞を獲ればいいと思っていた。しかし学問というのはもっと、きめ細やかなものだった。まず周りに友だちを作り、小さな学会を編み、互いを褒め合うという行為をひたすら続けることで、みんなで豊かになっていく。その現実を、身をもって知った。

こうした小さな煩悶を繰り返しながら苦労を重ね、ともかくも私は博士論文を提出し、博士号を取得する。中世の朝廷の構造を明らかにした、それは実証的ですばらしいしろものであった。それを『中世朝廷訴訟の研究』という本として世に出したのが1995年のことである。おりしも、わが国の学問が、「ヨーロッパ型」から「アメリカ型」へと移りゆく端境期であり、博士号そのものの価値が相対的に下落していく時期とピッタリ重なっていた。

「博士号」の激しすぎるインフレ

博士号をめぐる取り扱いについては、旧来のアカデミア、特に文系によくみられたヨーロッパ型と、昨今の標準形でもあるアメリカ型の捉え方がある。あまり知られていないが、博士号には、課程を修了した段階で取得できる「課程博士」と、博論の執筆によって得られる「論文博士」とがある。一般的にヨーロッパでは、年季と経験を積んだ学者が、充実した博士論文を書いて博士号を得る、という道がスタンダードだった。かたやアメリカでは一定の単位を取得して論文をまとめれば博士号を得られる、という形が主流だった。

日本では理系はかなり早い段階からアメリカ型だったが、文系の学問はヨーロッパ型だった。たとえば日本の文系界隈では、40代の中堅学者が博士論文を出す、と言い出したときに「まだお前には早い、60になって人生をまとめるときに取りなさい」などと恩師から諫められたりすることが間々あった。

しかしながら時代は移り、徐々に博士号というものの捉え方が、「研究者人生の輝かしいゴール」であったヨーロッパ型から「研究者の証明＝持っていることが前提」のアメリカ型へと変わっていく。私はまさにその変節の時期を経験してきたことになる。

時代がアメリカ型に変わると、「博士号を取れる論文を発表しないのなら、あなたは博士課程に行った意味がないですよね？」と、コテンパンに詰められるようになった。あまりにも博士号所持を前提とされる社会になって、文部科学省が大学サイドに対して「あなたのところの大学院には博士課程があるのに博士号をほとんど出していないでしょう。成果を出していないのですから予算は削減いたしますね」と手厳しい審査をくだす妙な理屈がまかり通るようになった。その結果、予算の削減を何より恐れる大学は、博士号を濫発するようになってしまった。博士号さえ持っていれば研究者として責められることはない——これではマルティン・ルターの時代の免罪符である。

名前は秘すが、私が某大学の博士号審査に参加したときのこと。ある学生が、私を含む3人の先生の前で、自らの論文についてプレゼンをする、という形までは東大のやり方と同じ（ただし東大は審査員が5人はいる）で、よく見知ったものであった。

某大学が違ったのは、「教員（副査）から学生に質問しない」という、教員側に質問権がない点だった。これには驚いた。東大であれば、時には学生が泣き出すほど厳しい質問が矢継ぎ早に教員たちから繰り出される。文学部などまだましな方で、情報学環などは、これがもう、ものすごく厳しいのだ。

それが、某大学のプレゼンでは、主査以外の教員たちからの問いかけが認められず、「ちゃんと言えましたね、はい、博士号をあげますよ」という幼稚極まりない流れだったことに唖然とした。私は当該の論文を読んで、これはまだ博士号に満たないな、と強く思ったのだが、そんなこちらの思いは某大学にはかえって迷惑極まりない。博士号は授けてナンボ、むしろ本学繁栄のためには出しまくれ、これが大学のやってきたことだ。

昨今は、博士号を取得してもそれに見合った仕事もポストも見つからない、という、いわゆる「高学歴ワーキングプア」の問題がしばしば話題となる。だが、私から言わせれば、ここまで博士号という価値を、第一次世界大戦直後のドイツマルクのように天文学的にインフレ化させてしまった（それを黙認した）文部科学省や大学側にこそ、その根本の原因があるように思えてならないのである（こんな本当のことを言うと、また嫌われてしまうが、それでも言わずにはおれない）。誉めそやされて、ハシゴを外された若い人が可哀そうすぎる。

ただし、シビアなことを言わせてもらえば、いまどきの博士号の価値は低い。ひと昔前と比べれば「実態は努力賞」に過ぎない博士号所持者も実に多く見られる。

恩師・石井進の死

博士号を取得した私は30代後半にさしかかっていた。だが、あれほど目標に定めていたのに、いざ取得してしまった後は、なんとなくやる気を失っていった。今でいえばバーンアウトのようなものだろうか。

人間たるもの、齢を重ねると、「俺の人生、こんな感じでよかったのかな」と深く考える瞬間が訪れる。自分がそこまで真面目だと言うつもりはないが、真面目なタイプであればあるほどそうだ。40に差し掛かるころには精力的に取り組んでいた史料編纂所の仕事にも身が入らなくなってしまった。不惑どころか惑いっぱなしの40歳であった。

そんな矢先、石井先生が亡くなった。2001年10月、あの9・11テロの余波を受けて世界中で混乱が続く中、先生は学会発表を行ったフランスからなんとか帰国を果たした。その機中で心労が重なったのか、帰国当日に帰らぬ人となってしまったのだった。

詳細は省くが、私を含めた教え子たちは、大いに悲嘆するも、ご遺族の支えに少しでもなれたらと、お葬式やその後のことに奔走した。

ご葬儀が済んでまもなく「石井先生の業績をまとめよう」と、弟子たちの間で話がもちあがった。石井先生の後継者である東京大学文学部の五味文彦教授から「本郷君、事務局をやってくれないか」と声を掛けられた私はお引き受けすることにした。

それからというもの、石井門下生の総力をあげて私たちは先生の仕事をまとめようとした。無我夢中だった。結果として、岩波書店から『石井進著作集』全10巻、山川出版社から『石井進の世界』全6巻という書籍群に結実した。

石井先生の業績をしっかり形に残すことができて私はとても満足だった。

なぜ私はどの出版社からでも本を出すのか

この私の一連のマネジメント作業を褒めてくれた人がいた。岩波書店の某氏である。「この仕事は本郷さんがいなければ成り立たなかった、貴方の誇りにしてもいい」とまで持ち上げてくれたものだ。その流れもあって、私個人の著作も岩波から出さないか――という、願ってもないオファーが訪れた。

岩波書店と言えば、誰もが認める出版界の東大である（若干の皮肉も込めている。念のため）。研究者の性として、あの岩波から学術書を出したいという気持ちはもちろんあったので、一生懸命プロットを練ったりもした。

ところが突然、〝社内の話し合い〟によって出版案が没にされたと一報が入った。いまでも忘れられないほど蒼ざめ、狼狽《うろた》えたことを憶えている。

それまでの私の単著は、博士論文を東大出版会から出した一冊きりだったので、未来にもっと広く読まれるだろう本への思いが強かった。その思いの丈もあり、手のひら返しを知ったとたんに、怒りがこみあげ、編集者を罵倒した。そのせいだろうか、岩波からの単著出版はいまをもってまだ、ない（その後、なぜ没になったのかを、岩波の関係者に尋ねたところ、「本郷には一冊の本を書き通す力はない」という判断があったそうだ）。

そんな岩波とのやりとりを見かねた、というわけではないのだろうが、生前の石井先生と懇意にされていた新人物往来社の酒井直行さんという編集者からお声がけをいただき、岩波から出すつもりだった原稿を出版してもらった。2004年のことだ。私の実質的なデビュー作となる『新・中世王権論』（現在は文春学藝ライブラリー）である。

私としてはとても有難いことであったが、この出版について、いろいろ不愉快な思いをした。親切心で言ってくれているのかもしれないが、出版社をとかく軟派硬派などと色眼鏡で比較したり、「あそこは○、ここはダメ」など、出版界のヒエラルキーなどと上から目線で語る人びとからいろいろな「注意」を頂戴した。こうした経験もあって私は、自分からは絶対に出版社をバカにすることは言うまいと固く心に決めた。

基本的にどの出版社からでも、お声がけさえあれば真面目にお応えして本を出す、というのが私のスタンスだ。すると今度は「アイツはどこからでも出す、ダボハゼのようなヤツだ」と陰口をたたかれる、といった風で、まあ文句というのはどこからでも出るものだな、と受け流すことも次第に覚えていった。

『新・中世王権論』が世に出てからすぐに、文藝春秋、新潮社、講談社という3社の編集者から、ぜひ本を出して欲しいとオファーをもらい、続けて書籍を出す機会に恵まれた。世に出るきっかけを作ってくれた新人物往来社の担当を含め、この4社の最初の担当者については、心の底から命の恩人だと思っている。なぜなら、やる気を失いつつあった私を最初に認め、絶望の淵から救い出してくれた人たちだからだ。

こうして石井先生の急逝を契機に、私の身にも変化が起きた。そこでいろいろ考えた。世間の評価というのはさまざまなのだな、という実感や、自分で何かをやりたいという新たな奮い立ちに加え、歴史学界隈にも知人友人を増やしていかなければ、という思いが募っていった。

そうだ、私に必要だったのは仲間かもしれないと。

そして「事件」は起こった

そのころの私は、勉強会を主宰するなどして、歴史学に携わる方々——研究者はもちろん、歴史愛好家の方々——との交流をもっていた。

だが、そこで、ある「事件」が起こってしまった。自分が提示した学説をめぐって、史料編纂所内で親しくしていた非常勤の研究者、Xさんと大喧嘩になってしまったのだ。

またしても、争点はずっと私を悩ませていた問題、「まことの実証とは何か」だった。


言い争いの焦点は、源頼朝の文書の「主語」の変移とその影響、についてだった。

ポイントのみをわかりやすく端折って語ると、頼朝が当時御家人たちにもっとも求められた行為とは、「お前の土地はお前のモノだ、お前の土地の所有権を俺が認めてやる」と書面の形で証明することだった。つまり文書様式でいうところの下文《くだしぶみ》によってその機能を果たしていたのだが、ここで大事なのが「主語」である。

はじめは頼朝個人、つまり「俺が」認めると、下文に書いていた。ところが彼が征夷大将軍になると、「俺の役所が」認める、という形に変化し、役所の名前で文書が発行されるようになった。頼朝の狙いは明白だ。要は、頼朝が御家人に対する自らの地位を引きあげたのだ。「俺個人はもう、お前たちと直には交渉しない。代わりに俺の役所と交渉しなさい」という高飛車な態度である。

『吾妻鏡』によれば、頼朝はそれまで発行してきた「俺が認める」という下文をすべて返納させ、新たに「『俺の役所が』認める」と、主語を差し替えた下文を再発行した。

これに房総半島で最有力を誇った武将の千葉常胤《ちばつねたね》が文句を言った。「新しい文書をもらったが、サインしているのはすべて頼朝様の役所の職員じゃないか、こんなものでは子孫代々のための証文にならない」という理屈である。そして千葉はこう訴えた。

「どうか自分には、昔ながらの頼朝様個人がサインした文書をください。幕府設立の立役者の一人である私にはそう主張できるぐらいの功績があるはずだ」

すると頼朝は「確かにそうだ、常胤の功績は大きいから、お前には特別に昔ながらの下文をやろう」と言った――以上が『吾妻鏡』の概略である。

長年にわたり強大な力を保持した千葉家も、戦国の変動の中で潰れてしまったため、『吾妻鏡』の示す千葉家の文書の原本は、後世に残されていない。つまり千葉常胤がいかなる文書をもらったのか、その真相は、分からずじまいだ。

ところが、本件と非常に似た関係性を示す原本が、小山朝政という下野《しもつけ》（現在の栃木県）の大豪族の文書として伝わっていた。いったん頼朝の役所が小山に文書を出したのだが、小山も千葉氏と同じように「これは嫌だ、昔の形式のものをください」と言ったらしく、あらためて頼朝が小山朝政にサインをした文書が神奈川県立歴史博物館に所蔵されている。そこで歴史学者たちは「なるほど、『吾妻鏡』の千葉常胤の話というのは、間違いなく実際にあったことなのだ」と考えたわけである。

私の仮説――鎌倉幕府には3軍まであった

と、ここまでの前提はいい。これは単純に「歴史資料を見て、歴史事実を復元した」という話である。私はぜひ、それらの史実からもう一歩先の世界に進みたかった。

私がどう進み、何を言いたかったのかというと、駿河、伊豆、相模、武蔵のまとまりを示す、「南関東四ヵ国」という概念から導き出される思考である。この四ヵ国の武士たちは、それぞれが仲良く遊んだり、武芸を競ったりしていたということが史料に残っている。さらに石井進の後継者として前述した五味文彦が、「幕府のお膝元といえばこの南関東四ヵ国だ」と指摘したことを想起した。

なるほど、と地政学を含めて考察してみた。現在の江戸川にあたる流域には、実は当時とても太くて広い利根川が流れて地勢を分断していたため、房総半島への移動は大変だった。実際にも室町時代にいたるまで、利根川を挟んだ東西を隔てる地政学的な分断が続いていた。

この前提を踏まえて思考を進めていく。

幕府から重用されるメインの「1軍」勢が南関東四ヵ国だとするなら、千葉常胤らの房総半島というのはサブ、すなわち「2軍」の扱いではなかったかと。さらにさまざまな歴史事実を証拠としながら考えると、北関東、つまり今の群馬、栃木、茨城にあたる三国は、「3軍」の扱いだったのではないかと——。

鎌倉幕府は関東地方を基盤として成立したが、厳密にはその基盤に1軍、2軍、3軍の区別がある、と私は考えたのである。この区別を当てはめるのなら、千葉常胤は2軍のトップ、小山朝政は3軍のトップということになる。この2軍、3軍のトップがわがままを言ったということで、頼朝は「仕方ないな、お前らはたしかに頑張ってくれたから」と、新しい形式の文書に加えて、古い形式の文書も出した、というわけだ。

「たまたま千葉と小山の史料が我々の目に残っただけで、他の有力者からもゴネられたらその都度、文書を発行していたかもしれないのでは」と普通の読みならそう思う。

しかし私は、違う考え方をした。千葉や小山は1軍ではない、2軍、3軍のトップだったからこそ、頼朝はわがままを聞いてやったのではないか。

江戸幕府的に言うのなら、2軍、3軍のトップというのは外様大名にあたり、1軍の有力者は譜代大名にあたるのだ。ここまで記して、察しの良い方は勘付かれたかもしれないが、もしも1軍として重用される有力者からわがままを言われたとしても、頼朝は断固、突っぱねていただろう。それでは政治が機能しなくなるからだ。

2軍、3軍の「よその子」だからわがままを聞き、1軍の「うちの子」は甘やかさずに厳しく育てる――「わがままを言うな、おまえたちは幕府を支える屋台骨だろう」と一喝した。たとえば北条、三浦、畠山という「うちの子」は、わがままが通らなかったに違いない、という仮説を私はその場でお話しした。

冗談めかして書いているように思われるかもしれないが、もちろん何の根拠もなく主張しているわけではない。『吾妻鏡』を始めとする一級史料の細かい分析や、史実に基づいて私なりに考えてつくった仮説である。

実証と単純実証のあいだ

私としては満足のいく論考だと思っていた。ところがその勉強会でXさんが言い放った言葉に茫然としてしまった。

「歴史研究では、そのような推論を行ってはいけない」と口火を切ったXさんは続けてこう言い放った。

「本郷さんは実証というものを分かっていない。史料にひたすら忠実であることが実証なのであって、研究者という立場であれば『小山や千葉はこういう状況に置かれていた』という、史料が示す理解の範囲内に留めなくてはならない。そこに南関東四ヵ国などといった概念を持ち込んで議論を進めるならば、それはもう実証史学ではない」

私はカッとなった。彼の言う「実証」とは、史料を右から左に写しながら現代語に置き換えていくという、まさに単純実証と呼ばれるシロモノに過ぎず、私の憧れる奥深い実証史学のスケール感とはまるで違っていた。

私の考える実証史学のイメージとは、まず歴史事実や史料からこつこつと「史実」を復元する。次に、復元された史実をいくつも並べて、その史実たちを俯瞰する「史像」を導く。そしてそれらの史像を集めたうえで、「史観」という歴史の見方を生み出していく。史実から外れた史像や史観はもちろん論外だが、史実という土台がしっかりと築かれている上に表された史像や史観ならばそれは実証史学の範疇である。それこそが歴史学の本質なのだ。そして私は、これが本当の実証史学だと信じるからこそ、ここまで丹念に推論を並べた。頼朝の下文にまつわる史実をいくつも並べて語った自分は、丁寧に史像を導こうとしていたはずだ。

しかしXさんはそのステップを頭から否定した。私を否定したのではない、実証史学そのものを、全否定したと私は解した。私は彼に一言だけ告げた。

「Xさん、あんたバカだ」

勉強会が一瞬で凍りついた。それから先は地獄絵図である。私とXさんは汚い罵り合いをはじめ、こうしてこの勉強会は内ゲバ的に崩壊し、仲間作り、人脈作りという私の密かな野望もあえなく頓挫してしまったのだった。

「一つの国家としての日本」は本当か

おそらく会社勤めの方ならば共感してくださるのではないかと思うが、40代も後半に差しかかってくると、自分が最終的にどのようなポジションに達し、どのようなコースを歩むのかが分かってくる。早い話、どのくらい出世するのか否か、定年まで楽しく仕事できるのか否かが見えてくるのだ。

私は史料編纂所の中で仕事に対してそれなりに頑張ったし、人一倍努力もしたと思う。だが、それで報われたかというと、残念ながらそうでもなかったように思う。

「無用者を気取っていたくせに、立身出世を気にするのはおかしいではないか」という読者諸氏のお叱りの言葉が飛んできそうである。

だが、私も人間だ。自分より「?」と思っていた人間が自分を追い越して昇進したりする姿を見て、何も感じずにいることはできなかった。

職場で感じる一抹の空しさと諦観、そして歴史学界隈での孤独――。

このころの私は、研究対象である「歴史」のみならず、「歴史学」という存在について、いろいろ思索を深めていくことになった。

良い機会なので、歴史学についての私の考え――三つの大きな柱――について、少しまとめてみたいと思う。これは、本格的に歴史研究の道に入って四十数年、歴史学という存在に身近に接してきた私の見解の集大成でもある。


第一の柱は「一つの国家としての日本」は本当なのだろうか?　という話だ。

通常、我々は歴史の教科書などで、日本という国について次のように学び、イメージを与えられることになる。

「一つの言語」

「一つの民族」

「一つの国家」

「長い歴史と伝統のある国」

だが、それは一つの見方に過ぎないのではないだろうか。

そのように考え始めたきっかけは、我が国の歴史の教科書に記された事柄には「嘘」としか思えないようなものが数多く交ざっているように感じたことだった。

たとえば、現行の教科書的叙述によれば、日本で最も古いお金は和同開珎だとされている。「708（和銅元）年から日本で鋳造・発行されたと推定される銭貨で、日本で最初の流通貨幣……」といった記述が大半だ。

しかし、それでは和同開珎はどこまで「銭」だったのだろう。史実を眺めると、711年に「銭を貯めた者には官職をやろう」という蓄銭叙位令が出されている。集めた者には褒美をやると言っているわけだが、正式に流通している貨幣ならば、わざわざ官職など与えなくても皆がこぞって集めるはずである。これは和同開珎が、現実世界では銭＝貨幣としては機能していないことの証左だ。アニメ映画『紅の豚』における名ゼリフ、「飛ばねぇ豚はただの豚だ」ではないが、「使われない銭はただの鉄クズ」なのである。そもそも日本ではこんなに早い時代から貨幣制度が整っていたわけではない。

皇国史観の「しっぽ」

教科書では、「701年の大宝律令、つまり刑罰や政治を行う決まりを定めたことによって、天皇を中心とした中央集権的な国家体制ができあがった……」というようなことが必ず書いてある。素直に読めば、日本という国が古代の早期から法律制度を整え、全国を天皇がしっかり治めていたかのようである。だが、古代においては律令というものはまったく守られていなかった、と言ったほうが正確ではないか。

大宝律令を定めたとされる天武天皇は「全国に国を置き、地方行政に力を入れた」とされているが、当時の地図によると、東北地方には太平洋側に陸奥国、日本海側に出羽国というたった二つしか置かれていない。

しかも平安時代の中期になると、国司自身が任地に赴くことさえ希《まれ》になる。武蔵守は武蔵国に赴任せず、実情として、家来を派遣して税金だけ徴収するというリモートワークの仕組みが中心だった。要は、かくあるべしという「建前」の律令と、では実際どう運用されていたのか、という「本音」の実情の両者が非常にかけ離れていたのが実態だ。

律令の権威の弱さは、令外官《りょうげのかん》の占める割合からも明らかである。

律令政治においては、朝廷の主要な官職は律令に基づいて任命されるのだが、主要な中央官は、半分が律令に規定のない者、すなわち令外官であったことが分かっている。これは数的に把握できるため、推測などではない。

私は和同開珎や大宝律令の歴史上の意義を真っ向から否定したいのではない。

だが、歴史をつぶさに研究してきた立場からすると、和同開珎や大宝律令の意義を日本の歴史教科書は持ち上げすぎではないかと考える。日本の歴史、少なくとも古代と呼ばれる大和朝廷成立から奈良〜平安時代の日本においては、中央集権体制などと呼べるような状態にはなく、地方ではもっと豊潤で個性豊かな歴史が存在したはずなのだ。日本の歴史教科書が教えるように、日本は古代から「一つの国家」として機能していたわけではない。

それでは、なぜ、日本の教科書はそのような記述になっているのか。

私はそこに、戦前の日本の歴史学の主流を占めた「皇国史観」の残滓、しっぽのようなものを感じる。「天皇を中心とした政治体制こそ正義の時代である」といったような概念だ。

もっとはっきり言えば、そこまで露骨ではないけれども「古代至上主義」「京都至上主義」といった形で現在の日本の歴史学の中に生き残っているのではないだろうか。

「輝ける古代」はエリートの歴史観

戦前の日本は歴史学を構築する際に、中国との関係もあり、「我が日本の歴史も古くあらねばならない」という切迫した思いに駆られていた。

明治時代の元勲は、日本人の心をひとつにするために、天皇を日本のアイデンティティとした。「万世一系」の天皇を戴く国家である、ということを最大の売りにして、国家の統一をはかったわけである。こうした国家的アイデンティティの構築は、多かれ少なかれどこの国家でもやっていることだろう。

ところが、日本では、軍部が台頭すると、「万世一系のオレたちは偉い」と自らの力を過信するに至った。時代が昭和になると、八紘一宇や大東亜共栄圏といった概念を重用しはじめた。こうなると、いよいよ日本は歴史が古くないとマズい、隣国の中国との比較において、また東アジアにおける日本のプレゼンスを示すためにも、歴史が古い国であると、ことさら強調したのだ。

〈日本は紀元前660年神武天皇が即位し建国された〉と平気で教えるのが戦前という時

代であった。そして、この思想を強化するためにも、戦前の教育では、「輝ける古代」を称揚した。天皇中心の歴史という建付けにして、さも当然のように教科書に反映させ、国民に学ばせていたわけである。

「古代」「京都」「天皇」は一本の線でつながっている。そして、その三つの要素をつなげている線の正体は、おそらく「エリート主義的な歴史観」ではないかと思う。一部のエリートが、「日本の歴史として望ましい」方向にもっていった結果、デファクト・スタンダードとなった歴史である。だがこの歴史観は、実際の日本の歴史の一断面に過ぎないのではないだろうか。少なくとも、こうしたエリート主義的な歴史観とは異なった「歴史」が多数存在するのではないだろうか。我々歴史研究者は、もっとその事実に目を向けなければいけないのではないだろうか。

こうしたエリート主義を体現する歴史上の人物として、私は藤原定家を挙げたい。『新古今和歌集』の撰者にして『百人一首』の実質上の生みの親で、言わずとしれた国文学の大スターである。ただし彼は貴族であり、権中納言に叙せられていた、要は、国政を担う内閣の大臣の一人でもあった。

その彼が『明月記』という日記に「紅旗征戎吾事《こうきせいじゅうわがこと》に非ず」という有名な一文を書いてい

る。「いま戦争が起きているが、私の知ったことではない」という意味だ。これは一般的には「何があろうと私は和歌の道に邁進する」という決意を示したものと評価されている。

おいおい、ちょっと待て。源平合戦という騒乱の時代だからこそ、貴族は国家運営にますます腐心すべきではないのか、と私は思う。ちなみに定家は、1230年代初頭に起きた寛喜《かんぎ》の飢饉でも、巷でバタバタと人が死んでいっているにもかかわらず、「京都でもたくさん人が死んでいる。死骸の臭いが屋敷の中まで漂ってきて、たまったものではない」と他人事のようなことを記している。

こうした記録に現れる定家のような人間の在り方こそエリート主義の体現ではないかと私は考える。人びとのピラミッドの上部にだけ視線を合わせると、間違いなくこうした偏向した眼差しになっていくものだ。

「本郷よ、エリートではないお前は、エリートが羨ましくて仕方ないのだろう」

「お前は東国国家論の立場に立っているから、権門体制論が主流と唱える『京都』や『天皇』を攻撃したいのだろう」

そうかもしれない。

京都至上主義的なものに対して私が強く反発していたのは事実だ。「京都あっての天皇」という主張に、ある種の生得的な反感を覚えていたのかもしれない。そして、それは自分自身が、財産も世襲も何もない生まれ育ちであったことに起因していたかもしれない。

それでも、二つ言いたい。

その1　京都に焦点を合わせた定点観測では、生きた歴史像は浮かび上がらない。

その2　エリートの押し付ける歴史なんて××（2文字自粛）くらえ。私は本当の歴史を知りたいし、もっと多くの人びとに伝えていきたいのだ。

「法学部至上主義」の影響も？

こういうことを書いていくと、どんどん「敵」が増えてしまいそうだが、あえてもう一点踏み込むと、日本の文系における大学教育の大きな特徴、すなわち「法学部の優越」といった要素も、歴史学に少なからぬ影響を与えているのではないかと思うことがある。「古代至上主義」「京都至上主義」と並んで「法学部至上主義」と言っていいかもしれない。

周知のとおり、明治維新期の大学創設において日本はドイツ式の大学組織を範とした。

以後、日本の大学ではほぼ例外なく「法学部」こそが最も優秀で偉い、といった体制が整えられてきた。東大の進振り制度を見れば一目瞭然だろう。

実は歴史学においても一番ステイタスが高い（とされている）のは「法制史」であった。たとえば、石母田正先生や佐藤進一先生といった、日本の歴史学を支えた泰斗たちは、武家社会の誕生について緻密にとらえるべく、当時の法文解釈や、朝廷から与えられた権限への考察をもって鎌倉幕府の成立を説く、という形に落ち着いた。

こうした研究は大変な勉強になるのだが、私はやはりここにも一種のエリート臭を感じると同時に、より深い視点から歴史を眺めてみたいとしばしば思うのである。

もしもこうした立派な法制度が日本の津々浦々まで機能していたというのならば、武士たちはこれらの法律について理解・熟知していたのだろうか。たとえば、「田んぼ一反からこれだけの収穫を武士の権利として認める」といったような、当時の細かい条文が本当に守られていたのだろうか、という疑問である。

朝廷から何かを与えられる、朝廷に権利を認めてもらう、要するに朝廷が上で、武士は下々ということだ。もちろん中央集権国家や近代国家のもとではそれが自然であろう。

現代風に解釈するならば、会社を興した人間は、自らの利殖活動が法に則った形かどうか、合法か非合法か、という線引きを考える。近代国家であれば、実情に即して法改正が求められることもある。つまり「法が世の中を規定する仕組み」こそが国家を国家たらしめるわけだが、当時の法律が残っているからといって、その頃から日本が精緻な一つの国家として機能していたかどうかは、はなはだ疑問と言わざるをえない。

鎌倉時代、地頭たちへの命令書には必ず〈先例に任せてその沙汰を致すべし〉という決まり文句が書かれている。「あなたを地頭に任命するが、詳細は、その土地の先例通りにやりなさい」ということだ。一応、やるべきことを定めたルールはあるが、基本的に現地任せの現場主義だったといったほうが実情に即している。

やはり、「日本＝古くから中央集権的な国家だった」という見方にはエリート独特の見方が多分に強いのではないかと考える次第である。

……もしかすると単なる私の僻《ひが》みかもしれないが。

「生徒が考える教科書」はＮＧだった

歴史教科書への疑念から、一気に古代至上主義・京都至上主義への疑問といった持論を展開してしまったが、そんな私に共同執筆メンバーの一人として、高校の歴史教科書執筆の依頼が舞い込んだことがあった。2010年ごろ、東京書籍という出版社である。高校教科書の共同執筆というのは大学教員と高校教員がともに参加する形で進められる。厳密に言うと、大学教員が執筆したものを高校教員に読んでもらい、「これは良い、これは悪い」と意見をもらうシステムになっているのだ。

この申し出に私は奮い立った。一部のエリートから押し付けられた単一の見方ではない、もっと生徒たち自身で歴史を考えてもらえるような理想的な教科書を創ろうと考えた。

私が教科書執筆に燃えた理由はもう一つあった。暗記重視のくだらない、つまらない教科書を変えてみせたいという切なる思いである。

日本史を教える現場にいる者として非常に残念に思うのは、今日の高校生の大半がどれほどまでに日本史を嫌っているか、さらには他の科目に比べて日本史をどれほど下に見ているか、ということだ。

たとえば、数学という科目は常に理論的だし高校数学において答えは一つである。常に1＋1は2であるし、2＋1は3になる、といった具合で、数学が好きな生徒はとことん好きになれる。代数であろうと幾何であろうと、もちろん公式などは暗記すべきものもあるが、あとは自分の力で解いていく。「できた！」と解決する喜び、がそこにはある。

ところが、こと歴史、それも日本史になると、少なくとも受験に必要なのは応用などではなく、ひたすら暗記・暗記・暗記となる。暗記させられるばかりでは学問の面白さなど味わいようがない。かくして受験科目として見た場合、たいていの高校生にとって日本史は「暗記だけのつまらない科目」か、または「暗記だけすればいい科目」として映る。

この日本史の汚名をそそぎたい、とにかく子供たちに日本史の面白さを伝え、もっと好きになってもらいたい、という思いが私にはあった。嘘偽らざる気持ちである。

そこで私は、自分の執筆部分について、暗記ではなく、知的な楽しみの要素を補強することに努め、記述していくことにした。

とても楽しい仕事だった。できた原稿を高校の先生方に見せるまでは――。


「本郷先生、これは使えません。全部書き直してください」

原稿は高校の先生方から却下された。

「そんなに、つまらなかったんでしょうか」と驚いた私は彼らに問うと一刀両断された。

「いや、おもしろいんです、おもしろいんですけど、無駄が多すぎるんです」

さらに彼らは、こう続けた。

「僕たち高校の教員は、教科書に書いてあることは原則的に全部覚えなさい、と指導しています。本郷先生が書いたものは、生徒に考えさせようとするあまり無駄が多すぎる。つまり『全部覚えなさい』と、生徒に言えない原稿なんです。はっきり申し上げて、教科書としては不適切なので書き直してください」

これまで指導教官にも言われたことがない、「無駄が多い」という強烈なダメ出しを受けた私は、この時点で完全に心が折れ、教科書執筆に対する情熱の一切を失ってしまった。「辞めてやる!」と言って席を立ってもよかったのだが、そんな度胸はないし、大人気もないので、前の先生が書いたものを適当に少しだけ直して提出した次第である。

前例を変えてやろうと燃えていた私だが、過去多くの先生方がしてきたことを、心に封をして繰り返したことになる。なんのことはない、〈先例に任せてその沙汰を致すべし〉。私も中世の地頭と同じで、先例にならったのである。

なお、このような葛藤を経て、私が再び提出した原稿に対し、高校の先生が仰った言葉はかくの如しであった。

「あ、これでいいです」

orz……。

諸悪の根源は大学受験

あらためて思う。

「全部覚えろ」ってなんだ?

教科書に書いてあることを全部覚えなければならないなんて、なんでそんな教育になってしまったのだろう。その後、私は、丸暗記推奨派の高校の先生に会い、「なんで覚えさせなきゃいけないんですか?」とあらためて喰ってかかった。彼の答えはシンプルだった。「覚えさせなければ大学受験に受かりませんからね」

そう、それが「ちょっといい学校」で歴史を教える教師たちの本音なのだ。

再び心が折れた——そうか。結局悪いのは、私たち大学の教員サイドなんだな。丸暗記しなければ合格できないような入学試験を出す、私たち大学の教員こそが、日本史の嫌いな子を育てているし、他の科目よりも日本史を下に見るような子供たちを育ててしまっているのだと(一応名誉のために言っておくと、東京大学の入試問題はそのような愚問ではありません)。

私はさらに、ある有名私大で大学教員をしている教え子に会い、入試問題の作り方について尋ねてみた。いまさら何を聞くんだと言わんばかりの表情で彼は言った。

「山川の教科書や参考書の欄外から出してますよ」

私は心底びっくりした。なぜ本文からではなく欄外から問題を出すのだろう。大事なことを聞かずに、重箱の隅をつつくような問題を出すのかと重ねて問うた。すると教え子は、ますます、いまさら何を聞くんだと言わんばかりの表情でこう返したのだった。

「だって本郷先生、そうでもしないと、点数に差がつかないじゃないですか」

わずかな点差をつけるために「どうでもいいようなこと」を試験問題に出すというのは、それこそ本末転倒ではないだろうか。「ウチの大学に来る人は、歴史ではこうした大切なことを、これを知っておいてくださいね」といったようなポイントを確認するために、入学試験というものは存在するのではなかったか。結局、昨今の大学入試における日本史のテストというのは、そんなシロモノになってしまっているし、当の受験生たちもその程度のものとして扱うのである。

現在の私は、もうこの際、大学入試から日本史を削除すればよいのではないかとさえ考えている。大学入試の教科から日本史を外してしまえば、「丸暗記推奨派」の根拠がなくなるからだ。くだらない受験用に暗記させずともよいとなれば、授業は高校の先生方の腕の見せどころとなる。1年間を使って戦国大名を取り上げてもいいし、明治維新を研究するのもいいだろう。どうして織田信長が天下統一を果たせたのか、なぜ明治政府はあのような形で誕生したのか。そんなことをじっくり調べて考えたほうがよほど勉強になるし、歴史の好きな子供が育つはずである。時間をかけて一つの課題にじっくり取り組むことによって「あ、日本史ってこういう楽しみがあるんだな」ということを分かってもらえれば、それでいいではないかと思うのだ。

やはり日本史は考える学問であるべきなのだ。

実証への疑念、史料への疑念

私の思索——二つめの柱は「実証への疑念」である。

戦後の実証的な歴史学を極められたのは、石母田正先生、佐藤進一先生のお二人だろう。唯物史観から歴史学を構築した石母田先生は、「科学」として歴史研究に取り組む、ということを非常に意識されていた。貴族の日記などの史料を精緻に読み込み、分析し、素晴らしいお仕事をされた。佐藤先生の場合は唯物史観的ではないが、明治時代から続けられてきた「実証」という作業を芸術的な域まで高められた。

しかし、である。

私は、先ほど「日本は『一つの国家』という意味では国家ではなかった」と述べた。厳密な国家がない状態のところで、史料から緻密な分析を行うことに、はたしてどれほどの意味があるのだろう、というようなことを述べた。繰り返しになるが、律令時代には国司が交替するときには前任者が引き継ぎの文書を作成する。「私はこれこれこういうことをしてきました」ということがビッシリ書いてあるけれど、地方でその通りにやっていた人は実は誰もいない。厳密な国家像が崩れたとき、石母田先生や佐藤先生が行った仕事はどこまで実体に近いのか、ということが疑問に思えてきたのである。

鎌倉時代の貴族の最も大事な会議に「陣の議、陣の定」というものがある。その会議の冒頭では必ず「条事定《じょうじさだめ》」というペーパーが提示され、そこには国を治める方策が非常に細密に記してあり、それを全員で閲覧してから会議に入るという仕組みになっている。

その史料をしっかり読みこむと、中世初頭の鎌倉貴族はすごいと感服する。精密に考える頭脳を持っていて、誠実に政治に向き合っていることが示されているからだ。

ところが、だ。私はある事実に気付いて呆れかえってしまった。

会議ごとに提示されている書式が、毎回全部同じものだったのだ。簡単に言うと、ひとつ書式を作り、それをコピー機にかけて何度も複写したようなもので、いわば形を整えるだけのセレモニーである。しかもそれは、あまりにも膨大な量だった。

さらに言うと、「除目叙位《じもくじょい》」という、いわば企業の人事異動が張りだされるボードのような書式には「花垣武道」とでもいうような、漫画の主人公めいた明らかに架空の名前が書き込まれているのだ。これはその欄に権利を持つ人の権威を示す一方で、「このスペースを売りますよ」というビルボード的な役割も担っていた。

ほかには「売官」というその名の通り、売り買いされる官職というものも存在した。これは購入する官職の代金よりも高額な取り立てができる見込みのある、腕っぷしの強い者の間で流通したらしい。

朝廷というのは人間の性なのか、そんなくだらないこともしていたのだ。

自分のこうした研究結果を考えると、佐藤先生や石母田先生の「緻密な分析」というのは、それほど実体がないのでは……とゾッとしたことを思い出す。

つまり私は実証への疑念とともに、史料への疑念も感じるようになっていったのである。

私を批判する若い研究者たちへ

……史料編纂所に勤める人間が「史料への疑念」などと口にする行為がいかに危険であるかは、自分でもよくわかっているつもりだ。明らかに異端であろう。それでも、あえて言わずにはいられない。

史料に記されたことをそのまま100パーセント信じる、というのは学問として自殺行為なのではないだろうか。

かく言う私の言動や主張を快く思わない、若い同業者が複数いることも知っている。彼らに言わせれば、私の仕事は「史料から外れた空想だらけ」で「何の根拠もない、学問とさえ呼べない大ボラ吹き」なのだという。もっと徹底的に史料を読み込んで「実証」をしなさい、ということのようだ。

愉快ではない。正直不快ではあるのだが、私は若い彼らに本気で立ち向かって成敗してやろうとは思わない、なぜなら、彼らは若い時の私に重なるからだ。私もかつて「実証」に傾倒していた時代があったからだ。

とはいえ私も教育者のはしくれなので、彼らに言えることがあるとしたら、「知ってた？　実証！　実証！　と叫ぶ者ほど、歴史学のセンスのない研究者が多いんだよ」という忠告ぐらいだろうか。彼らの多くは大学や大学院で実証作業だけをなんとか自分のモノにしたあと、そのまま残って研究を続ける。彼らにとって実証とは最先端であり、彼らの唯一の武器なのだ。一般の読み手と自分を分ける道具が実証しかないために、彼らは口をそろえて「司馬遼太郎はバカだ」とかのたまう。「司馬は史料に基づいてない。実証がまったくわかってない」という理屈だ。しかし司馬遼太郎ほどの力量があれば、ちょっと歴史研究のトレーニングを積めば、実証作業など軽々とこなしただろう。

「牛のよだれ」は誰でもできる

ついつい若い人に対して辛辣な物言いになってしまったが、単純実証にばかり拘泥して、歴史の俯瞰と推論を頭ごなしに拒絶するタイプは、もちろん若くない歴史学者にも一定数存在する。年を取っても進歩がない分、若手よりも始末に負えない。

彼らは実証にこだわって成果を誇ろうとする。机の右に史料を、そして左にはノートを置いて、時間軸を設定して、「●●年には○○がありました」「▲▲年には△△がありました」……といった具合に、ただ、右から左へと、崩し字を現代日本語に直して書き写していく……そんなことを続けて「自分は歴史学の大きな仕事を果たしたぞ！」なんて思っている人が、本当に存在するのである。私はこうした作業を、ただ上から下へ自動的に落ちるだけなので「牛のよだれ」と呼んでいるが、はっきり言って「牛のよだれ」ならば誰にでもできる。

単なる時間軸や時系列の順に並べるのではなく、「ある出来事が、5年後にこの事象と結びついて、それがこの事件とこう関わって、それがこちらの分野でまったく新しい動きにつながって……」といった具合に、もっと自分の頭で整理した形で歴史像を提示できなかったら、歴史学を研究する意味はない。

世に言う「愛国心は悪党の最後の砦」ではないが、「実証主義は愚かな研究者の最後の砦」だと考える次第である。

もちろん私は「実証」を真っ向から否定したいわけではない。単純に書き写ししかできない「悪い実証」もあれば、史料から得られる知見から思考と洞察を繰り返して形成される、本物の「良い実証」もある、という当たり前の主張をしたいだけなのだ。私が謦咳《けいがい》に接した「良い実証」実践者の代表格が前述したお二人――史料編纂所所長を務められた新田英治先生と、所長職を後継された百瀬今朝雄先生――である。

我が妻の「アクロバット実証」

「良い実証」は、とても大事なポイントなのでもう少し深掘りしてみたい。優れた実証の理想形とは、私から言わせれば「一を聞いて十を知る」ような、アクロバティックな実証である。それは、通常ではまず結び付けないだろうというような二つの要素――実証Aと実証Bを頭の中で結び付けて、因果関係を求めていく作業、そんな考察をよく思いつくなと驚嘆するような作業だ。熟練と技能を兼ね備えて初めて可能となる〝曲芸〟のような行為だからアクロバティックと私は形容している。

妻だから言うのではないが、本郷恵子はこのアクロバット実証の達人だと思う。

鎌倉時代に書かれた世俗説話集『古今著聞集』の著者、橘成季《なりすえ》は、もしかしたら同時代の中原成季のことではないか、という説があった。ところが彼女は「成季」は橘氏であると断じ、その上で貴族の徳大寺家との関わりまで明らかにしたのだ。

本郷恵子は、「安富元盛《やすとみもともり》という室町時代後期の人物が二人存在した」と立証したこともある。変わった名前の人物ということもあり、かつては当然一人の人物だと思い込まれてきたのだが、妻は、同一の時刻のA地点に安富がいて、そしてB地点にも安富がいたことを突き止めた。テレポーテーションでもしない限りそれは不可能なため、二人は別々の人物だと見抜いたのである。

このようにして、これまで安富元盛という一人の人間の業績と思われてきたものを、あらためてバラして考える必要がある、ということを立証したのである。アクロバティックな実証とは、こうした立証の積み重ねからなるものだと思う。

「ホラを吹け」の真意

そこであらためて思い出されるのが、今は亡き恩師・石井進先生が「大きなホラを吹け」と言い続けた、その真意である。

この言葉に初めて出会った大学院生時代の私は新田先生・百瀬先生の実証にハマっていたこともあり、はっきり言ってこの言葉をナメていた。この後で触れる網野善彦先生の言ってることはかなり虚構なんじゃないか、石井先生の学説もどこまで本当かわかんねぇなぁ……ぐらいの受け止めだった。

だけど今になってみればわかる。

おそらく石井先生は「大きな構図で歴史事象をつかまえなさい」と、大きな構造を示せということを言いたかったんだろうなと。

そしてそのためには「古代史への疑念」と同様に「史料への疑念」という視点を持たなければならない。史料に書いてあるから正しい、と断ずるのはおかしいと私は思う。

最近の例で「史料を鵜呑みにしてはいけない」と思ったのは、くじ引きによって将軍就任が決まった足利義教についてであった。このくじ引き自体が最初から八百長ではなかったかと私は疑い、とある場所で発表したのだが、同時代の史料には「くじ引きで正当に決まった」と書いてある以上、そこを疑ってはいけない、という批判をいただいた。ちなみに、その元になっている史料を記したのは三宝院満済《さんぼういんまんさい》という、くじ引きを行った張本人である。つまり、この人物が日記に嘘を書けば、八百長であってもわからないわけだ。

三宝院満済の活躍（暗躍？）により将軍になった足利義教は積極的に裁判を行った。その時の裁判記録が「御前落居記録《ごぜんらっきょきろく》」という史料にまとまっているが、その中に二つだけ、「湯起請《ゆぎしょう》で決めた」という記載がある。湯起請とは、『日本書紀』など古い史料にも出現する儀式である。神仏に「私は嘘をついていません」と誓いを立ててから沸いた熱湯に手を差し入れ、嘘であれば火傷を負い、真実ならば無傷で済む、という、一種の神明裁判である。

だが、どれほど深く神仏を信仰していたとしても、本当に煮えたぎった湯に手を差し入れれば火傷を負うのが道理だろう。室町幕府の裁判官もおそらく承知のうえで、神仏の名で人を裁いたはずである。すると、義教の将軍就任のくじ引きもひたすら怪しくなってくるのではないか——そのように仮説を立ててさらに史料から検証するという行為の何が間違っているのだろうか。

こうした私流の実証を批判する方は、「当時の人びとは神仏を信じていたから八百長はあり得ない」と断ずる。つまり、くじ引きで義教の名が出て将軍就任をみんなが認めたと「神が認めるのであればそれで充分だ」という理屈である。

いかに信仰心の篤い時代だろうと、神仏を利用する人はいただろうと私は考える。もっとも「神様さえも利用するものだ」と言語化して説明できたのはここ最近のことであり、文書をはじめ、史料をこそ疑う、ということを今の私は重ねて申しあげたい。

41歳という年齢のときに、私は恩師の石井先生を見送った。やるせない思いを味わうとともに、私は先生に対する嫉妬や負の感情を手放せたと思っている。

死んだ人間というのは時を止めるので、ある意味強い。私など、もしも石井先生がご存命であれば「相変わらずオレのことをまったく評価してくれないし、面倒さえ見てくれない、毎年お歳暮だって送っているのに」などと、愚痴をこぼし続けていたことだろう。素直な気持ちで、自然と、「石井先生ならこう考えていたんだろうな」というようなことが分かるようになった。史料や常識を考え直すきっかけをいただいた。

いま私が一番お話ししたい方は、石井進先生だ。

分析こそが新しい物語をつくる

私の思索——三つめの柱は「唯物史観を超えていく」である。

第二章で述べたとおり、日本の歴史学は敗戦を機に、それまでの皇国史観的な歴史学から、マルクス主義的、唯物史観的な歴史学へと大きく舵を切った。しかし、唯物史観は共産主義的、イデオロギー色の強い考え方だということもあり、そこまで染まりたくないな、という研究者も結構いた。唯物史観に対抗できるような新しい歴史観を構築できればよかったのだが、簡単なことではなかった。そこで彼らは明治以来の伝統を持つ、分厚い実証主義に戻っていくしかなかった——と現在の私は考えている。

だからこそ、唯物史観を超えるような新しい史観、歴史学が今こそ求められているのではないか。そのヒントは、私がこれまで論じてきた、幾多の実証を組み合わせ、分析して大きな構図を描き、新しい物語につながっていくような、そんな方法があるのではないか、従来の「調べる」だけの実証ではない「考える」実証もあるのではないか、と、これが最終的に私の申し上げたいことだ。

面白いのは、大正時代の学者も「調べる」ことと「考える」ことの差異、区別をしっかりつけていたと思われることである。

日本の物理学を確立した田中舘愛橘《たなかだてあいきつ》先生という方がいる。同じく物理学者で俳人の、寺田寅彦の師匠にあたる方だ。

寺田はかのアルバート・アインシュタインが来日したおりに、日本の理系学問の代表として献身的に世話をしていた。そのアインシュタインが東京帝大で講演をしたときに、田中舘先生もじっとそれを聞いていた。

講義後、田中舘先生のノートの欄外には、〈調べているだけ。考えてない〉と記されていたという。かのアインシュタインが本当に「調べているだけ」だったかどうか、田中舘先生が何をもって「考えてない」と考えたかについては、私の物理学の知識では考えようがないが、「調べる」「考える」の違いを意識しておくことは文系・理系を問わずに学問の姿勢として大正年間でも大切にされていたのではないだろうか。

皇国史観で知られる平泉澄先生も「史料編纂所の連中の実証とは、調べているだけだ。分析したり調べたりするということは、物事をバラバラにしていく死の学問だ」とか、「本当の歴史学というのは、考える学問であり、信じる学問である」といった旨の発言を行っている。ただし、平泉先生の批判の矛先が実証主義全体に向けられているのに対し、私は実証から先の思考を停止してしまう狭義の実証＝単純実証がおかしいと申し上げている。それはこれまで述べてきたとおりである。

本当の歴史学というのは、史料に書いてある内容をそのまま信じることではない。分析してバラバラにして解析していくものである。ただし、すべてを壊すわけではなく、むしろ、豊かな世界や物語を構築する方策なのだ。

唯物史観を超えるヒント

皇国史観や唯物史観は文字どおりの「史観」、すなわち、歴史なるものを総体として把握・解釈する際の根本となる立場や考え方——である。だが、実証は、手続きであり、

「歴史とはこういうものだ」というある種の枠組みを提示する「史観」ではない。

第二章で述べたとおり、唯物史観とは、生産構造こそが社会を支え、生産構造の分析こそが社会を豊かにするといった「哲学」に則る。生産構造や階級闘争、つまり異なる生産構造を持つ主体の対立が階級として現れ、この階級の闘争の積み重ねこそが歴史である、という理解に落ち着く。

こうした唯物史観のくびきから逃れようとした佐藤進一先生などは、実証史学という手法を用いて、いかに歴史を豊かに復元するかという仕事に尽力された。佐藤先生のように唯物史観を離れて実証へ向かった先生方は存在する。ただし、当時の主だった歴史研究者は、ほぼ全員が唯物史観に近い立場であったことも事実である。関東であれば永原慶二、関西であれば権門体制論の黒田俊雄。さらには河音《かわね》能平《よしやす》、大山喬平、そして網野善彦も、あえてここに入れておきたい（網野先生については後述する）。多くの先生方は、唯物史観でものを考えていた、あるいはその影響を強く受けていたと言っていいだろう。

だが、周知のとおり、１９８９年にはベルリンの壁が崩壊、１９９１年には共産主義の親玉的存在だったソヴィエト連邦までが崩壊すると、唯物史観は万能ではなかった、というムードが一気に醸成されるに至った。ジャン＝フランソワ・リオタールのように「大きな物語は終わった」と語る哲学者も出てきたわけで、やはり「唯物史観」を超えていくような新しい歴史学が必要なのだ。

　それが今日の歴史学者が置かれている状況である。

構造を示す

　2005年から2008年にかけて、つまり40代半ばから後半にかけて、私は東大大学院の情報学環に出向し、新たな気持ちで研究に臨んだ（と言っても、建物自体は史料編纂所の目と鼻の先にある）。情報学環とはざっくり言うと、文理融合の「情報学」を研究する組織であり、学内中の精鋭と目される研究者が揃う（とされている）。

　実際、情報学環で出会った先生方はおしなべて、驚くほどに頭が良かった。理系の先生も多数在籍したため、ツールとしての英語、ドイツ語、フランス語はできて当然——が大前提の場所だった。こうなると、我々のような日本史の研究者など昔気質の職人で、ここで言う「研究」など何ひとつできていないではないか、と思わされたものである。

　そして本当に明晰な先生方は、骨身を削って研究と努力に邁進している、という現実も明らかになった。こちらとしては、対抗するため少しでも多く、自分で考えるということをしていかなければならない、と痛感した。

私は、ここで社会学の振り幅の大きさ、研究領域の奥深さ、そしてなんといっても自由闊達な雰囲気に大いに刺激を受けた。そして新たな知見を得ようと、構造主義の勉強に夢中になった。なんとかして、構造主義を歴史学に応用することができないかと考えたのだ。

そして、「そうだ、歴史事象を構造として示せばいいじゃないか」と気付いた。加えて、複数の歴史的な事象の因果関係を明らかにし、事象の抽象度を高めるのである。


実は、「構造を示す」というのは、情報学環における学生指導の現場でしきりに飛びかっていた言葉であった。学生の主張を聞く場面などで、複数の教員が、まるで決まり文句のように「構造を示しなさい、構造を」と言うのである。学生が窮するに至ると、「それはどんな構造で成り立っているんだ」と、さらなる追い打ちがかかるのが常であった。「構造を示す」という方法論を日本の歴史学に当てはめるのならば、たとえば政治構造を見出す、というやり方があるだろう。

簡単な例を挙げると、足利尊氏の示す政治構造と、足利直義の拠って立つ政治構造は、それぞれどういうもので、どこが違うのだ、ということを簡潔に一言でいう、というのが

「構造を示す」ということだ。この点、佐藤進一先生などはさすがで、「尊氏が依拠するのは主従制的な支配権。直義が依拠するのは統治権的な支配権」だと整理している。これが立派な構造化であろう。簡潔にまとめて、「主従制と統治権との戦いの結果が観応の擾乱である」とすればさらに応用も利くし、何より簡潔でわかりやすい。

このスマートなわかりやすさこそ、構造の醍醐味であろう。

ちなみにこのころの私は、情報学環で得た新しい知識をなんとか歴史学に応用しようと必死になっていた。いまとなっては懐かしい理論かもしれないが、オートポイエーシス理論（生物や細胞が自ら自己をつくるというサイクルを反復する、自律的な運動プロセス）を歴史学に応用できないかと考えたりもした。

聖心女子大学での講義中に、「一向一揆はオートポイエーシスである！」と突然閃き、嬉しさのあまり、ニヤニヤしながら授業を続けたことをよく覚えている。

学生の皆さんにとっては、さぞかし気持ち悪かったことだろう。

民衆からユートピアは生まれるか

少し前の項で、唯物史観の影響を受けていた歴史研究者のお名前のところで網野善彦先生の名前を出した。厳密に言えば、網野先生は唯物史観よりも社会史の視点に立つ研究者である。ではなぜそのような言い方をしたのかというと、網野先生の『無縁・公界・楽』という本を読んだときからずっと違和感を覚えていたからだ。このころの先生の考え方とは、簡単に言うと、次のようなものとなる。

「人間という存在は、権力と関係のないところで生活すると、自由と平等と平和があるパラダイスが生まれる。それを戦国大名という権力が次々に浸食し、潰してしまう」

本書が世に出たのは1978年。私が大学に入学する前の年だ。学生時代の私は、人間って素晴らしいな、権力って酷いななどと思いながら夢中で読んでいたことを思い出す。

一方、東大では西洋史学者の木村尚三郎先生という方が教壇に立たれて、「権力は必要だ」という講義をされていた。網野先生の説を眩しく感じていた自分としては、「なんだ、この反動勢力は」みたいな感覚で木村先生のことを快く思っていなかった。

だが、かなり時間がたったあと、思索を重ねた私は、むしろ、網野先生のこのような「弱者こそ社会の主役」という考え方に一種の欺瞞を感じるようになったのである。

この『無縁・公界・楽』では、戦国大名から攻められたときに、命を失ってでも自由を守り、命を懸けて平和を守る人びとがたくさん出てくる。時の権力に抗い、団結して自らのユートピアを作り出そうとする民衆——網野先生は否定なさるかもしれないが、まさしくこれは唯物史観、「民衆こそが歴史の主役」という見方と軌を一にするものだ。

しかしながら、現実問題、そんなことが可能なのか、とあらためて思うのだ。「命を懸ける」などと言うのは簡単だが、本当に力なき市井の人びとにそんなことができるのか。私には無理だ。私ならば「すみません、三度の飯を二度にしてもいいので命だけは助けてください」と言ってしまうだろう。そして、その弱さこそが人間の本質ではないか。『無縁・公界・楽』が描く、賢く勇気ある人びとが作り上げたユートピアなど本当に存在したのだろうか。むしろ人間はもっと弱いものではないだろうか。

網野史学の功罪

誤解のないように強調しておきたいのだが、私は網野先生の素晴らしい仕事が否定されるべきだなどと言うつもりはまったくない。本書でも述べてきたように、網野先生は当代のスーパースターで尊敬を集めていた。歴史学のフレーム内に「社会とは何か」という視点を取り入れることで、「みんなが見ていないものを見る」という2倍史観によって、歴史を豊かにされた方だと思う。

しかしながら、スーパースターだからと言って神聖視するのも間違っている。ここで私が言いたいのは、繰り返すが、網野先生の学説は民衆を重視する。民衆は強く賢いものだとする。だが、その視点は本当だったのかという検証が必要ではないか、ということだ。

一つの視点としては、権力には「民衆を搾取する」という見方もあれば、「民衆を守る」という役割もあったのではないかと私は考える。戦国時代、領民にしてみれば、兵隊にとられる、戦場に連れていかれる、過酷な年貢、といった非情な部分もたしかにあっただろう。その一方で、善悪はともかく、飢えた領民たちに「他の国から資源を奪ってこようぜ」と持ちかけたり、いざ敵が攻め込んできたときに領民たちを守ったり、そういう働きも権力側にはあったはずなのだ。武田信玄はなぜ、今日でもあれだけ地元で持て囃されるのか。上杉謙信や今川義元にしても然りである。そう考えると、学生時代にあれほど忌避していた木村尚三郎先生の主張も、かなり的を射ていたのではと思い直すようになった。

思うに、網野先生は、人間を善きものとして捉えすぎたのかもしれない。大勢の人間が集まればおのずと争いは起こる。「みんな」が平和で平等で自由な空間など幻想だ。だからこそ、権力はある意味での必然として生まれてくる。

私はカール・マルクスを非常に優秀な哲学者だと思うし、敬意も持っている。だが、共産主義には「人間の欲望」というパラメータが欠け落ちていたのが誤算だったのではないかと思う。妬み、嫉《そね》みを含めた人間の欲望は果てしなく、人間の力を過信した共産主義の国家ではしばしば大規模な虐殺が起こった。20世紀でもっとも多くの人を殺めたのは毛沢東か、スターリンであろう。〝小物〟のポルポトですら180万人を殺してしまった。

網野先生は史料を鵜呑みにせず、史料には記されていない世界を復元する、という意志と手腕が非常に優れている方だった。その反面、古い記録をガンガン読んでいくようなことは若干苦手であったように思う（これは都市伝説的な話だが、先生には史料編纂所に、凄腕の〝協力者〟とも呼ぶべきGさんという方がいた。先生が「今度はこういう主張をしたいので、論旨に適合するような史料を教えてほしい」とGさんに相談する。するとGさんが史料探しを行ってくれたという）。

あえてこのようなことを書いたのは、今日まで網野善彦の総括が行われていないからで、それではなぜ総括が行われないのかと言えば、先生のように歴史を縦横無尽に語れる後進がいないから、という寂しい現実に尽きる。

唯物史観を超えていくために、そして網野先生を超えていくために、我々歴史学者は日々研鑽を積まなくてはならないのだ。

●「一つの国家としての日本」は本当だろうか？
●実証への疑念
●唯物史観を超えていく

――以上が、歴史学について現在、私が考えている三つの柱である。

従来の歴史学についてかなり厳しいことも申し上げたが、同時に、歴史学とは、それほどまでに新しい変化の可能性を秘めた、たいへん面白い学問であるとも言える。

歴史を学びたい、歴史学に進みたいと考える若い人が増えてほしいと切に願う。

おわりに　ヒストリカル・コミュニケーターに、オレはなる！

最後に、現在の話をしよう。

日々、コツコツと孤独に机に向かって研究するスタイルの学者は今後ますます減っていくことになるだろう。なぜなら、そのようなことを続けていては生きていけないからだ。

現在の学者に必要な資質とは何か。研究者としての（ある程度の）実力はもちろんだが、それだけでは駄目だ。必要なのは、「競争的研究資金を得る」、つまり「自分は研究するために幾らのカネが必要だ」ということを胴元である文部科学省にうまくプレゼンテーションできる能力である。

そしてもう一点、「学校の内外で仲間をうまくつくれる能力」も大事なのだ。なぜなら、文科省は、「あなたの研究にはお仲間の先生がいますか」「お仲間の先生方は多様な大学から選んでいますか」といった点を重視するからである。どんなに優れた研究であっても、おそらく私一人が申し込んだところで話にならないし、東大の同じ部屋で研究をしている数人に「名前だけ貸して」といって申請しても即撥ねられる。

かくして研究者たちは、学外の有志とチーム戦でプレゼンを通し、数億円規模の研究費を手に入れる。もちろん不正な使い方をすれば研究者生命は絶たれる。当然ながらおカネの管理をする必要も出てくるわけで、ここまでくると、研究者というよりはプロデューサーである。

理系の先生方は長年にわたり、こうした研究費の獲得プロセスを当然のこととして運用してきたが、それは理系研究室の論理として受け入れやすい方法だったからだろう。言ってしまえば理系の先生方は、一人ひとりが研究室を経営する中小企業の社長のようなものだ。プロジェクトのリーダーは「じゃあ君はこの部分を担当して。あなたはこの実験ね。そっちの君はここを」といった具合に、分業の指示を出しつつ、連名で研究成果や論文をアウトプットする。大学院を出るときには、指導教授が就職の世話までしてくれる。あらかじめトップダウン型の組織が機能しているのだ。

ところが、人文系の先生方はその圧倒的多数が個人で研究を続けるスタイルであった。仲間でチームを組むという戦法に慣れていない。ややキツい言い方をすれば「教育」を舐めている人も多かったし、学生をしっかり指導することも、就職先を斡旋するような仕組みもほとんどなかったと言ってよい。

だが、本項の冒頭で述べたように、研究費の調達という「仕事」が重要になってくるにつれて、人文系界隈も徐々に変わりつつある。きちんとチームを作り、チーム内の研究員に仕事を割り振るノウハウを心得た方々が出現してきている。

昨今では文系の学問にも「何某のデータを集めたら報酬をいくら支払いますよ」という細かい仕組みができつつある。かくして研究一筋・一匹狼型の学者は次々と退場を余儀なくされ、学問の質もガラリと変わっていくことになる。

「日本史のIT化」は学問か

文科省に研究費を認められやすい研究テーマには大別して2種類ある。一つは「外国」。要は、外国との付き合いを含む要素があると当選しやすい。二つめは「IT」。大学生を迎える側の企業はよく「即戦力を作ってくれないと困る」と大学側に要請してくる。大学を出て入社してきたものの、すぐ使い物にならない学生では困る、大学側でしっかりと教育してくれ、という趣旨のことを企業様は平気でのたまう。ではその具体的な即戦力とは何かと問えば——私としては非常に浅はかな話だと思うが、「英語とIT」だという。

それは本当に学問なのだろうか、と頭を抱えてしまうのだが、概して文科省が採択しがちな巨額のプロジェクトは、外国とＩＴのいずれか、あるいは両方に絡んでいる。

よく考えてほしい。人文系でも、とりわけ私の専門とする歴史学に絡ませるＩＴとは、いったい何だろう。その一つの答えが「史料や研究のデータベース化」なのだ。簡単に言えば、検索画面に〈徳川家康〉と入力してポチッと押せば、家康に関するデータが一瞬にして吐き出される、というようなシステムである。

これを実現するにはブラウザソフトやインターフェースに途方もない資金がかかるうえ、一つひとつの項目を入力していくにも膨大な作業が必要だ。たしかに巨額を必要とするプロジェクトだ、ということまでは分かる。

分かるのだが、ここで素朴に思う。それは本当に研究なのだろうか。いくら素晴らしいデータベースを作ったところで、それはあくまでツールにすぎない。この便利な道具を手がかり足がかりとして、「徳川家康はなぜあんなことをしたのだろう？」などと考え始めて、ようやく研究の入口に立てるのだ。

若い教員の憤り

昨今の「研究」は、こうしたツール作りに溢れている。しかも、これは実感を持って記すのだが、日々ツールを作るために史料や研究をコピー&ペーストしていると、その作業だけですでに中身を精読したような「つもり」になってしまう。あくまで手がかりを作っているに過ぎない作業が、研究を深めたような「つもり」を生む。実におかしなことだ。

私としてはこうした風潮に非常に強い疑問を持つが、恐ろしいことにこうした巨額の研究プロジェクトをしっかり運営していかないと、その学部や研究所の成績にならない、という時代になっている。

「プロジェクトをやらないなら、あなたたちはいったい何をしているのだ」と文科省、さらには財務省から厳しく問いかけられてしまう。こうした包囲網を敷かれると、もう本当に何もしないわけにはいかなくなる。我が史料編纂所でも、50〜60人はいる研究者のそれぞれが、こうした大きな研究費を持たされているのが実情だ。ちなみに、持っていないのは私ぐらいだということも告白しよう。

ある日私は、喰ってかかられたことがある。東大内の情報学環に向かったおり、若い教員の前で何気なく「昔の先生は立派だったよね」と口にしたところ、ものすごい勢いで反発されてしまったのだ。「なんてことを、本郷先生！　昔の、特に人文系の先生たちが何もしなかったしわ寄せで、いま僕たち教員がこんなに苦労させられているんです！」という具合に。

おそらく現代は、中学高校の教育現場などに顕著に見られるブラック労働の極みのような状況が、情報学環という最先鋭の現場においても起こってしまっている。彼らの言いたかったことはこうだろう——学問が「研究」ではなく「仕事」に置き換わりつつあるのだと。

彼ら若手教員の苦境はよくわかる。おそらくその背景には構造の問題がある。

文科省の政策によって、どの大学も安易に大学院をつくってしまい、それなりの数の大学院生を輩出しないと政府からカネがもらえなくなってしまった。すると、レベルには目をつむり、幾多の学生を大学院に送り込む必要にかられ、実行した。するとそのまま大学に残るためのポストが激戦区となり、大量の高学歴ワーキングプアを生むことになった。「非常勤残酷物語」とか言うが、私から言わせれば、学問の一定のレベルに達していない人間が大学に残ろうとしてもそれはうまくいくはずがないよ、ということであり、本来は、指導する先生が研究者として見込みがない人間に対してはリスクについて説明した上で「君は実社会で頑張ったほうがいい」などと引導を渡すべきなのだ。大学の方針だからといって、自分の可愛い教え子を貧困のどん底に落としてどうする。

これが、現在のほぼすべての大学で起こっている現状だ。

ヒストリカル・コミュニケーターを目指して

2025年に、私は65歳の定年を迎える予定だ。だが、完全燃焼と言うにはほど遠い状況であり、この私にできることとはなんだろう、と近年はひたすら考える日々が続いている。史料編纂所においての自分は、誰がどう考えてもお荷物だ。先述したように、莫大な研究費を獲ってその研究をする、ということをやらないし、その気もないからだ。私たち研究者が行うべきは研究であって、予算獲りとかチーム内のマネジメントとか、所内の事務作業とか、そういったことではないはずだ。だが、これまで述べてきたとおり、我々研究者は研究ではなく、業務をさせられるようになっている。

おまけに近年、歴史学は非常にダサい学問になっている。いまの時代は誰がどうみても歴史学が世にもてはやされているとは言い難い。その期待の低さは政府が歴史学全体に配分する予算にも露骨に表れていて、歴史学はどんどんカネを削られ、ポストを削られ、といった負のスパイラルに陥っている。

歴史学を愛し、歴史学に身を置く人間からしてみると、歴史学にはもっと頑張ってほしい。頑張ってほしいし、みんなに好きになってほしい。愛してほしいのだ。

ではどうしたらいいのか。

歴史学の魅力について、新しい枠組みをつくり、わかりやすく伝える、社会に還元するような人間が必要ではないか――それが私の出した結論だった。

そうだ、私はこれからの人生を、歴史学という学問の魅力を世間の皆様にわかりやすく伝える、いわばヒストリカル・コミュニケーター的な仕事に捧げようと考えたのだった。

エリート意識に凝り固まった一部の歴史学者、自分は学界の保守本流だなどと自己満足に浸っているような研究者は、そんな私の決意を嗤《わら》うかもしれない。

「売名行為だ」

「そこまでしてカネがほしいか。有名になりたいか」

「孤独だからか。ルサンチマンか」

うーん、まあ、なんとでも言ってください。

そういう批判をする方々には、とりあえず次のように返答しておこう。

「あなたが居座ろうと思っている今の歴史学界隈はこのまま存続できると思ってますか？」

「あなたが日々続けている研究という名の業務は、そんなに面白いですか？」

歴史学にもマネタイズが必要

誤解を恐れずに言うが、おカネはほしい。ただし、自分だけではなく、もっと業界全体のことを考えて、である。これだけ食えない歴史研究者が多いのだから、彼らにもおカネが回るような新しい仕組みが必要だと思う。

たとえば、いま私が実に面白いと思っていることの一つが、「コテンラジオ」という歴史系ポッドキャストとの共同作業である。無類の世界史好きの若きビジネスパーソンで、「深い洞察力と人文知こそが私たちを救う」と考えている深井龍之介さんという方に注目している。彼は、歴史学こそ人文系の華であり、人間の諸問題は歴史が解決すると考えているので、ビジネスパーソン向けに歴史学にちなんだ有料コンテンツを配信している。彼のような起業家は、歴史学をマネタイズするノウハウを持っている（もちろん彼がカネの亡者であったら話は別だが、そういう人ではない）。たとえば、生活に苦労している若い歴史研究者に歴史資料の現代語訳、翻訳をしてもらい、私が歴史像に組み立てる。深井さんのような人が実社会に発信することでカネを生んだら、その利益を若い研究者たちに還元できる。世の中にも「もっと面白い歴史」がたくさん流通することになる。

もちろん簡単にはいかないかもしれない。私の関わるプロジェクトは、ほんの少数の研究者しか救えないかもしれない。だが、「歴史学を収益化する」という取り組みは、ここ象牙の塔にあって、大切な未来へのヒントとなるかもしれない。

今後は、すっきりとした気持ちを持って、日本史研究の現場からの情報発信に重きを置こう。と、こう考える次第である。

講談社現代新書　2670

歴《れき》史《し》学《がく》者《しゃ》という病《やまい》

二〇二二年八月二〇日第一刷発行　二〇二二年九月一三日第二刷発行

著者　本郷《ほんごう》和人《かずと》

発行者　鈴木章一

発行所　株式会社講談社
東京都文京区音羽二丁目一二—二一　郵便番号一一二—八〇〇一

電話　〇三—五三九五—三五二一　編集（現代新書）
〇三—五三九五—四四一五　販売
〇三—五三九五—三六一五　業務

装幀者　中島英樹　中島デザイン

編集協力　森田幸江

写真　森清（P6、P18）、時事通信フォト（P70、P119）、共同通信イメージズ（P72、P99）

印刷所　株式会社KPSプロダクツ

製本所　株式会社国宝社

本文データ制作　講談社デジタル製作

定価はカバーに表示してあります　Printed in Japan

N.D.C.210　222p　18cm
ISBN978-4-06-526097-5

「講談社現代新書」の刊行にあたって

教養は万人が身をもって養い創造すべきものであって、一部の専門家の占有物として、ただ一方的に人々の手もとに配布され伝達されうるものではありません。

しかし、不幸にしてわが国の現状では、教養の重要な養いとなるべき書物は、ほとんど講壇からの天下りや単なる解説に終始し、知識技術を真剣に希求する青少年・学生・一般民衆の根本的な疑問や興味は、けっして十分に答えられ、解きほぐされ、手引きされることがありません。万人の内奥から発した真正の教養への芽ばえが、こうして放置され、むなしく滅びさる運命にゆだねられているのです。

このことは、中・高校だけで教育をおわる人々の成長をはばんでいるだけでなく、大学に進んだり、インテリと目されたりする人々の精神力の健康さえもむしばみ、わが国の文化の実質をまことに脆弱なものにしています。単なる博識以上の根強い思索力・判断力、および確かな技術にささえられた教養を必要とする日本の将来にとって、これは真剣に憂慮されなければならない事態であるといわなければなりません。

わたしたちの「講談社現代新書」は、この事態の克服を意図して計画されたものです。これによってわたしたちは、講壇からの天下りでもなく、単なる解説書でもない、もっぱら万人の魂に生ずる初発的かつ根本的な問題をとらえ、掘り起こし、手引きし、しかも最新の知識への展望を万人に確立させる書物を、新しく世の中に送り出したいと念願しています。

わたしたちは、創業以来民衆を対象とする啓蒙の仕事に専心してきた講談社にとって、これこそもっともふさわしい課題であり、伝統ある出版社としての義務でもあると考えているのです。

一九六四年四月　野間省一